Patrick Saal

Hilfstruppen der römischen Armee - Auxiliartruppe

CW00797783

Patrick Saal

Hilfstruppen der römischen Armee - Auxiliartruppen -

GRIN Verlag

Bibliografische Information der Deutschen Nationalbibliothek: Die Deutsche Bibliothek verzeichnet diese Publikation in der Deutschen Nationalbibliografie; detaillierte bibliografische Daten sind im Internet über http://dnb.d-nb.de/ abrufbar.

1. Auflage 2009
Copyright © 2009 GRIN Verlag
http://www.grin.com/
Druck und Bindung: Books on Demand GmbH, Norderstedt Germany
ISBN 978-3-640-36559-3

Die Hilfstruppen der römischen Armee

-Auxiliartruppen-

Hauptseminar Alte Geschichte

(Geschichtswissenschaft B.A.)

Wintertrimester 2009

Helmut – Schmidt – Universität/ Universität der Bundeswehr

Vorgelegt von:

Leutnant Patrick Saal

Inhaltsverzeichnis

1. Einleitung

Die römische Armee war unbestritten eine der erfolgreichsten Armeen der Vergangenheit und galt lange Zeit als nahezu unbesiegbar. Die römischen Legionen haben einen Mythos erschaffen, der bis in die heutige Zeit nachhallt.

Bei eingehender Betrachtung stellt man allerdings fest, dass es nicht nur die römischen Legionen, die schwere Infanterie des römischen Reiches war, die die entscheidenden Erfolge für das römische Reich errungen hat. Ein auf sich gestellter Verband aus reiner schwerer Infanterie, also ohne Unterstützung durch Kavallerie oder leichte Infanterie und Schützentruppen, währe auch damals schon eine leichte Beute für seine Feinde gewesen: Solche Verbände wären zu schwerfällig und hätten einfach ausmanövriert werden können.

Umso erstaunlicher ist es, dass die Hilfstruppen der römischen Armee, die diese notwendige Unterstützung geliefert haben, kaum Beachtung bei den römischen Geschichtsschreibern (allen voran Vegetius) finden, sondern im Gegenteil häufig als Soldaten zweiter Klasse und minderwertige Einheiten abgetan werden. Das eine Verurteilung der Hilfstruppen in dieser Form nicht stimmen kann, liegt auf der Hand. Die Frage steht natürlich im Raum, warum die Hilfstruppen – trotz dieses schlechten Rufes – sich überhaupt rekrutieren ließen. Die Bevölkerung der römischen Zentralprovinzen dürfte kaum etwas anderes gedacht haben, als dass, was die Schreiber in ihren Texten erzählten. Die germanischen und gallischen Reiterverbände waren wohl für die Bevölkerung nichts weiter als Barbaren. Dabei könnten die Hilfstruppen neben ihrem militärischen Wert noch eine zweite wichtige Rolle gespielt haben: Der militärischen Ausbreitung des Imperium Romanum musste eine zivile Ausbreitung nachfolgen. Die Verbreitung der römischen Kultur war eine Grundlage für den Erhalt des Imperiums und das Selbstbild der Römer. Die Ansiedlung von römischen Bürgern in den Provinzen des Reiches war eine Möglichkeit, diese Kultur auf die Provinzen auszudehnen. Allerdings hatte man in Italien nur ein begrenztes Reservoir an römischen Bürgern zur Verfügung und längst nicht jeder war willens in die Provinzen umzusiedeln. Die Ansiedlung von Legionären war eine Möglichkeit – im Zuge des Aufbaus so genannter Veteranenkolonien ist das sogar passiert. Viel mehr Erfolgschancen bot allerdings die „Ausbildung" neuer Römer. In wie weit das mit den Hilfstruppen geschah, soll im Verlaufe der Arbeit geklärt werden. Dabei ist natürlich zu beachten, dass wir hier nicht nur eine einseitige

Romanisierung der besiegten Völker haben. In der Regel findet beim Zusammenkommen zweier verschiedener Völker ein Kulturaustausch statt. Die Vermutung liegt nahe, dass die angeworbenen Hilfstruppen von je her einen Einfluss zumindest auf die römische Armee hatten. In wie weit dieser Einfluss die Römer tatsächlich beeinflusste, wird ebenfalls in dieser Arbeit beleuchtet.

Wie bereits erwähnt waren viele Geschichtsschreiber darauf aus, die Hilfstruppen zu diskreditieren – aus welchen Gründen wird sich im Verlaufe der Arbeit zeigen. Nimmt man sich allerdings die Legionen vor, so kann man sehr schnell an ihrer verhältnismäßig geringen Zahl erkennen, dass sie allein nicht einmal ansatzweise in der Lage gewesen wären ein so großes Reich zu halten. Der Stellenwert der Hilfstruppen muss also deutlich höher gewesen sein, als es bei den kaiserzeitlichen Schreibern den Anschein hat. Wie wichtig sie tatsächlich für die Armee waren, gilt es ebenfalls zu klären.

Wichtig bei allen Punkten ist, dass man die Entwicklung von Hilfstruppen nicht als eigenen, separat ablaufenden Prozess betrachten kann. Die Entwicklung der Hilfstruppen ist immer an die Entwicklungen gekoppelt, die sich in Gesellschaft und Heer abspielen (diese sind in der Regel ohnehin eng miteinander verbunden). So wäre zum Beispiel die Einführung der Auxiliartruppen in ihrer tatsächlichen Ausprägung ohne die marianischen Reformen nie geschehen.

Wie bereits aus dem Inhaltsverzeichnis ersichtlich ist die Unterscheidung von Hilfstruppen notwendig, da es verschiedene Arten gegeben hat – und die Auxilia nur eine Form der Hilfstruppen darstellt. In dieser Arbeit soll die Rolle der Auxilia als besondere Erscheinungsform untersucht werden. Da aber, wie schon ausgeführt, die Herangehensweise nicht alleine auf die Auxilia allein beschränkt sein kann und darf, muss von verschiedenen Seiten angesetzt werden, um die offenen Fragen zu beantworten. So gibt das 2007 von Speidel und Lieb herausgegebene Buch „Militärdiplome" den Forschungsstand zu den von Hartung bereits 1870 erwähnten und „tabulae honestae missionis" genannten Urkunden wieder. Für experimentalarchäologische Betrachtungen und deren Einordnung in den Kontext hat Junkelmann 1986 mit seinem Buch „Die Legionen des Augustus" gesorgt, während Alföldy bereits 1968 mit dem Buch „Die Hilfstruppen der römischen Provinz Germania Inferior" beispielhaft umfassend auf die Auxilia eingeht. Betrachtet man die Verbindungen zwischen Staat und Gesellschaft, so findet sich der aktuelle

Forschungsstand in Stolls Buch „Römisches Heer und Gesellschaft". Für eine geschichtliche Darstellung der römischen Armee haben Bohec, Gilliver und Penrose gesorgt. Für die Rekrutierung der Hilfstruppen ist nach wie vor die Dissertation von Konrad Kraft (Zur Rekrutierung von Alen und Kohorten an Rhein und Donau) maßgeblich.

2. Arten von Hilfstruppen

Wie bereits in der Einleitung erwähnt, sind Hilfstruppen nicht einfach „plötzlich da" gewesen, sondern die Folge einer kontinuierlichen Evolution des römischen Militärs. Ohne die Entwicklungen im Militär – und zum Teil noch wichtiger in der Gesellschaft – wäre der Einsatz von Hilfstruppen sicher nicht in einem derart hohen Maße erfolgt, wie es schlussendlich in der Kaiserzeit der Fall war. Der Grundstein für diesen massiven Einsatz nicht – römischer Truppen wurde bereits in der frühen Republik gelegt.

2.1 Voraussetzungen

Die Voraussetzungen für den Einsatz von Hilfstruppen hat ein Mann geschaffen, der auf den ersten Blick eigentlich gar nichts mit der Aufstellung von Hilfstruppen zu tun hatte. Tatsächlich dürfte dieser Mann bei seinem Wirken nicht einmal in Ansätzen an diese Folge seiner Handlungen gedacht haben. Die Rede ist von Servius Tullius. Zu dessen Zeit war das Heer nur eine Bürgermiliz und damit nicht ständig, sondern nur in Notsituationen verfügbar[1]. Die Ausrüstung wurde selber beschafft, Dienst leisten konnten dementsprechend nur diejenigen, die sich überhaupt die verhältnismäßig teure Ausrüstung leisten konnten. Damit gab es keine einheitliche Bewaffnung, sondern ein bunt gemischtes Sammelsurium von unterschiedlichen Waffen und Ausrüstungsgegenständen – was eine Führung mit komplizierten Taktiken und Manövern im Prinzip sehr schwierig bis unmöglich machte.[2] Man bediente sich also vornehmlich der griechischen Hoplitentaktik, die sich bis dato bewährt hatte. Eben diese Übernahme der Hoplitentaktik – in einer deutlich abgewandelten Form – wird

---

[1] Die Ausrüstung dieser Bürgermiliz war selbst beschafft und variierte dementsprechend stark von Soldat zu Soldat. Vgl. Penrose, Jane: Rom und seine Feinde. Kriege – Taktik – Waffen. Stuttgart 2007, S.24.

[2] Penrose, Jane: Rom und seine Feinde. Kriege – Taktik – Waffen. Stuttgart 2007, S.24.

dem bereits erwähnten Servius Tullius zugeschrieben.[3] Besagter Servius Tullius hatte im sechsten vorchristlichen Jahrhundert Reformen durchgeführt, die neben der Übernahme der Hoplitentaktik die Rekrutierung der römischen Legionen beeinflussten, um so die Ressourcen zur Verteidigung zu erhöhen. Wichtigste Neuerung war die Einteilung der römischen Bevölkerung in fünf Klassen und das Schaffen eines Truppengattungssystems, das mit diesen Klassen verknüpft war. Die Truppengattung, in der ein Soldat dienen musste, war nun abhängig von seinem Vermögen. Das hatte natürlich zur Folge, dass die Soldaten der jeweiligen Truppengattungen wenn auch nicht gänzlich einheitlich, so doch zumindest ähnlich ausgerüstet waren – was die taktische Führung im Gefecht erheblich verbesserte (und damit die Kampfkraft der einzelnen Verbände steigerte).[4] Die Masse dieser neu geschaffenen Armee bestand aus Infanteriekräften[5], Kavallerietruppen wurden (von den Römern selbst) nur in geringem Maße eingesetzt, da sie nur aus den wohlhabendsten Familien rekrutiert werden konnten.[6] Der finanzielle Aufwand[7], den man betreiben musste, um sich Pferde und Ausrüstung für einen Einsatz in der Schlacht leisten zu können, war zu hoch, als dass man eine schlagkräftige Kavalleriekomponente im Feldheer hätte integrieren können.[8] Der gezahlte Sold dieser Zeit war wenig mehr als eine Aufwandentschädigung.[9] Dieser Zustand änderte sich erst mit den marianischen Reformen durch den Konsul Gaius Marius.[10] Bis in die letzten Jahrzehnte des fünften Jahrhunderts vor Christus hatte Rom

---

[3] Die Hoplitentaktik kam wahrscheinlich über Etrurien nach Rom und wurde dann von Servius Tullius eingeführt. Vgl.: Penrose, Jane: Rom und seine Feinde. Kriege – Taktik – Waffen. Stuttgart 2007, S.29.

[4] Penrose, Jane: Rom und seine Feinde. Kriege – Taktik – Waffen. Stuttgart 2007, S.24.

[5] Die Mindestvoraussetzung für den Dienst in der Legion war der Besitz von 11.000 Assen. Vgl.: Penrose, Jane: Rom und seine Feinde. Kriege – Taktik – Waffen. Stuttgart 2007, S.26.

[6] Penrose, Jane: Rom und seine Feinde. Kriege – Taktik – Waffen. Stuttgart 2007, S.29.

[7] Die römische Kavallerie setzte sich aus Mitgliedern des Ritterstandes zusammen, da nur diese kleine Gruppe reich genug war, um die enormen Kosten zu stemmen. Das verhinderte, dass die Legionsreiterei eine große Rolle spielen konnte. Man war dementsprechend auf *socii* und *foederati* angewiesen. Vgl.: Toledo, Josef Sanchez: Imperium Legionis. Die römische Armee des Kaiserreichs. Berlin 2005, S. 30.

[8] Penrose, Jane: Rom und seine Feinde. Kriege – Taktik – Waffen. Stuttgart 2007, S.29.

[9] Penrose, Jane: Rom und seine Feinde. Kriege – Taktik – Waffen. Stuttgart 2007, S.24.

[10] Toledo, Josef Sanchez: Imperium Legionis. Die römische Armee des Kaiserreichs. Berlin 2005, S. 32.

allenfalls einige Reiter, aber vermutlich keine eigene Kavalleriestreitmacht.[11] Diese „Tradition", also das nicht Vorhandensein einer starken Kavalleriekomponente, die durch Römer gestellt wurde, hat sich in der gesamten Geschichte des *Imperium Romanum* fortgesetzt.

Im vierten Jahrhundert vor Christus wurde die Hoplitentaktik langsam zu Gunsten der Manipellegion aufgegeben. Die Gründe dafür sind einfach: Im Gegensatz zum eher defensiven Charakter einer sehr unflexiblen Hoplitenphalanx bietet die Aufstellung der Schlachtreihe in Manipelformation klare taktische Vorteile bei Angriff und Verteidigung. Diese Formation bestand nicht aus einer durchgehenden, ununterbrochenen Schlachtreihe, sondern aus drei, in kleinen Verbänden organisierten Reihen Infanterie[12], die, bedingt durch Abstände zwischen den Verbänden, relativ unabhängig voneinander operieren konnten.[13] Sie war damit flexibler und der Hoplitenphalanx deutlich überlegen.[14] Gleichzeitig konnten verschiedene Manipel unterschiedlich bewaffnet werden. So konnten die unter Servius Tullius aufgekommenen Truppengattungen effektiver im Gesamtsystem genutzt werden und verliehen der Schlachtformation der Römer eine noch höhere Flexibilität, um auf Bedrohungssituationen reagieren zu können.[15] Hinzu kommt noch, dass die Bewaffnung der Römer eine neue Form der Gefechtsführung ermöglicht und erforderlich macht: der römische Legionär ist mit einem *scutum*

---

[11] Penrose, Jane: Rom und seine Feinde. Kriege – Taktik – Waffen. Stuttgart 2007, S.29.

[12] Diese Schlachtaufstellung gliederte sich nach Livius und Polybios wie folgt: Im ersten Glied kämpften die *hastati*, im zweiten die *principes* (jeweils 1200 pro Legion, ausgerüstet in etwa identisch). In der dritten Schlachtreihe kämpften die *triarii*, die statt der *pila* der *hastati* und *principes* deutlich längere Speere trugen (600 pro Legion). Man kann sagen, je weiter man in der acies (Schlachtreihe) nach hinten vorstößt, desto erfahrener und schwerer gerüstet waren die Kämpfer. Vor der Schlacht befanden sich unmittelbar vor den *hastati* die *velites*, leichte Infanterie, die als Plänkler eingesetzt wurden. Sie wichen vor Beginn der Hauptschlacht aus und fungierten mit den *triarii* als Reserve oder schützten zusammen mit den 300 Legionsreitern die Flanken des Verbandes. Vgl. Gilliver, Kate: Auf dem Weg zum Imperium. Die Geschichte der römischen Armee. Hamburg 2007. S. 20f.

[13] Diese Entwicklung resultierte laut Dionysius und Plutarch aus Kämpfen (und Niederlagen) gegen die Kelten und vor allem gegen die Samniten. Diese hatten ihre Armee in eine große Anzahl beweglicher Einheiten gegliedert und führten schwere Wurfspieße und große, ovale Schilde, da das Ursprungsgebiet des Stammes, Zentralasien, die starre Hoplitenphalanx einschränkte. Die Römer übernahmen diese Form der Kampfführung und führten bis 300 v. Chr. eben die Kampfaufstellung ein. Die Manipel bestanden zwar – wie auch bei der Einführung der Manipellegion – aus Zenturien, die aber auf 70 – 80 Mann reduziert wurden. Vgl. Penrose, Jane: Rom und seine Feinde. Kriege – Taktik – Waffen. Stuttgart 2007, S.30.

[14] Penrose, Jane: Rom und seine Feinde. Kriege – Taktik – Waffen. Stuttgart 2007, S. 29.

[15] Penrose, Jane: Rom und seine Feinde. Kriege – Taktik – Waffen. Stuttgart 2007, S. 29.

ausgerüstet, dass nur den einzelnen Soldaten selbst und nicht den Nebenmann mit schützt.[16] Die eher offene Formation, die zum Werfen der *pila* unerlässlich ist, bietet einen weiteren Vorteil: War die erste Schlachtreihe abgekämpft, so konnte sie sich durch die Lücken (der Abstand zwischen den Soldaten betrug in etwa zwei Meter[17]) zurückfallen lassen, um die frischeren Soldaten hinter sich übernehmen zu lassen. Bei Defensivmanövern war es möglich, dass je zwei Reihen von Soldaten sich zu einer formierten. Das bedeutete, dass die Führer und Unterführer auf dem Gefechtsfeld ein Mindestmaß an Entscheidungsfreiheit haben mussten. In der Tat waren Legionäre bzw. römische Soldaten keine Automaten, sondern wurden (in beschränktem Umfang) darauf trainiert Initiative zu entwickeln.[18]

Dennoch besteht das römische Heer nur aus Bürgern der ersten vier Klassen[19] und hatte weiterhin nur Milizcharakter. Gleichzeitig wurde um 338 vor Christus nach dem Sieg der Römer über die Latiner die so genannte *„civitas sine suffragio"* (Staatsbürgerschaft ohne Wahlrecht) eingeführt. Diese neuen „Bürger" hatten zwar die gleichen Pflichten im Krieg wie die eigentlichen Römer – aber nicht die gleichen Rechte.[20] Diese Tat zeigt, dass den Römern wichtig war, ihre Militärmacht auszuweiten bzw. zu verstärken. Durch die „civitas sine suffragio" wurde das Potential neuer Rekrutierungen vervielfacht und man war in der Lage im Notfall eine deutlich größere Streitmacht ins Feld zu führen.[21] Gleichzeitig war dieser Schritt der erste in einer Reihe von Reformen, um bis in die späte Kaiserzeit nicht – römischen Teilen der Bevölkerung die Staatsbürgerschaft zu gewähren und damit weite Teile zu romanisieren. Die nächste, einschneidende Veränderung innerhalb der römischen Armee erfolgt 216 v. Chr. nach der Schlacht bei Cannae: Polybios schreibt, dass sich

---

[16] Penrose, Jane: Rom und seine Feinde. Kriege – Taktik – Waffen. Stuttgart 2007, S. 107.

[17] Penrose, Jane: Rom und seine Feinde. Kriege – Taktik – Waffen. Stuttgart 2007, S.34.

[18] Penrose, Jane: Rom und seine Feinde. Kriege – Taktik – Waffen. Stuttgart 2007, S.107.

[19] *Proletarii* waren vom Dienst befreit, vgl.: Penrose, Jane: Rom und seine Feinde. Kriege – Taktik – Waffen. Stuttgart 2007, S. 25.

[20] Bürger, die mit dieser Form der Staatsbürgerschaft ausgestattet waren, durften zwar Dienst in den Legionen leisten, waren aber nur Staatsbürger zweiter Klasse (man spricht auch vom italischen Bürgerrecht). Diese Bürger mussten neben dem Wehrdienst auch Steuern zahlen, durften aber in keiner Weise politisch aktiv werden. Vgl.: Penrose, Jane: Rom und seine Feinde. Kriege – Taktik – Waffen. Stuttgart 2007, S.25.

[21] Nur Wehrfähige mit römischer Staatsbürgerschaft konnten zum Dienst in der Legion herangezogen werden. Ohne die *civitas Romana* war eine Verwendung als Legionär nicht möglich.

der Anteil der leichten Infanterie – also der *velites* – verdoppelt. Zusätzlich führen die Legionäre kurz danach das „*gladius hispaniensis*" ein[22]. Durch die hohen Verluste der Römer in den Schlachten gegen Hannibal kommt es zu Engpässen bei Entsatztruppen: Es gibt nur noch wenige, die Dienst in der Legion leisten dürfen. 215 v. Chr. senkte man daraufhin den Mindestbesitz der Wehrpflichtigen auf 4000 Asse ab und erschloss so ein größeres Reservoir an Wehrpflichtigen. Die so verfügbaren Mengen an *proletarii*[23] wurden –auf Grund ihrer Vermögensverhältnisse – durch den Staat ausgerüstet[24] und damit auf einen sehr einheitlichen Stand gebracht. Zusätzlich wurden die Legionen nicht mehr nur einfach für die Zeit der Notsituation einberufen, sondern standen für ein Jahr unter Waffen. So wurde der erste Schritt hin zur Berufsarmee unternommen. Gleichzeitig erstellte man einen Turnusplan, wie eine Art regelmäßiger Wachablösung und sorgte somit dafür, dass sich erschöpfte Legionen im Heimatland ergänzen konnten. Man hatte eine effektive Möglichkeit zur Bildung von Reserven geschaffen.[25]

Nach wiederum etwa einhundert Jahren kam die nächste Zäsur innerhalb der römischen Armee im Zuge der marianischen Reformen. Einfälle von Kimbern und herbe Niederlagen mit großen Verlusten zwangen die Römer neue Rekrutierungsgrundsätze zu suchen. Marius erließ eine Heeresreform, die im Wesentlichen folgende Punkte umfasste:

---

[22] Scipio Africanus nimmt bei der Eroberung von *Carthago Nova* (Cartagena) mehrere spanische Schmiede gefangen, die dieses Schwert (das nur als minderwertige Kopie bei den Römern verwendet wurde) für die Römer schmieden und damit die Kampfkraft der Legionen deutlich steigern. Vgl.: Penrose, Jane: Rom und seine Feinde. Kriege – Taktik – Waffen. Stuttgart 2007, S. 30

[23] Proletarii wurden zwar schon früher in Notsituationen eingesetzt (vor allem in der Flotte zum Rudern, nur selten im Heer), aber die Größenordnung des Einsatzes war ein Novum. Vgl.: Penrose, Jane: Rom und seine Feinde. Kriege – Taktik – Waffen. Stuttgart 2007, S.26

[24]

Einheit	Ausrüstung
velites	Schwert, Speer, kleiner Schild, Helm
hastati	*gladius*, zwei *pila*, *scutum*, Brustpanzer oder Kettenhemd, evtl. Beinschienen
principes	Wie *hastati*
triarii	Wie *hastati*, statt *pila* trugen sie *hastae* (langer Speer)

Vgl.: Gilliver, Kate: Auf dem Weg zum Imperium. Die Geschichte der römischen Armee. Hamburg 2007. S. 20 und Penrose, Jane: Rom und seine Feinde. Kriege – Taktik – Waffen. Stuttgart 2007, S. 33f.

[25] Penrose, Jane: Rom und seine Feinde. Kriege – Taktik – Waffen. Stuttgart 2007, S. 32.

> Aufhebung der Gesetze, die einem Großteil der Bevölkerung den Zugang zu (höheren) Stellungen im römischen Heer verwehrte

> Eigentumsbesitz keine notwendige Voraussetzung mehr für den Dienst in der Armee (alle *proletarii* verfügbar)

> Zusammenfassung der Soldaten in Kohorten (damit ersetzt die Kohorte das Manipel als wesentliches taktisches Element)

> Einführung von Sold (Berufsheer)

> Vereinheitlichung der Ausrüstung (*gladius* und *pilum*)

> Beibehaltung der Manipeltaktik innerhalb der Kohorten, aber Möglichkeit Zenturien innerhalb der Kohorten unterschiedlich anzuordnen

> Einführung der Adlerstandarte in den Legionen

> Verbesserte Berufsperspektiven in der Armee (Veteranen bekamen Land am Ende ihrer Dienstzeit)[26]

Marius schafft mit diesen Reformen die endgültige Wandlung vom Bürgerheer zum Berufsheer. In der Tat hat Marius die Schlagkraft der römischen Legionen drastisch erhöht – wie aufgezeigt sind die einzelnen Zenturien jetzt identisch bewaffnet, was ihnen einen entscheidenden Vorteil auf dem Schlachtfeld gibt: Ihr Einsatz ist leichter und vorhersagbarer geworden, da ihre taktische Führung deutlich einfacher wurde. Zusätzlich schuf Marius durch die Vergabe von Land an seine Veteranen eine militärische Reserve in jeder Kolonie durch die sogenannten Veteranenkolonien. Diese Kolonien dienten gleichzeitig als „Außenposten" der Romanisierung.[27]

Gleichzeitig büßte die Armee allerdings einen Teil ihrer Schlagkraft ein: Durch die Vereinheitlichung aller Soldaten der Legion fallen die einzelnen Truppengattungen innerhalb der Infanterie weg; vor allem die *velites* als Plänkler und Fernkämpfer fehlen in der Schlachtreihe. Die römische Armee ist zwar mit einem Mal schlagkräftiger in ebenem Gelände, leicht zu führen und effizient geworden – ihr

---

[26] Penrose, Jane: Rom und seine Feinde. Kriege – Taktik – Waffen. Stuttgart 2007, S. 104.

[27] Junkelmann, Marcus: Die Legionen des Augustus. Mainz am Rhein, 1986 S. 77.

mangelt es allerdings an Flexibilität[28]. Die traditionell schwache Reiterei kommt erschwerend als Mangelfaktor hinzu. Die Armee brauchte dementsprechend Manöverelemente, die eben diese Schwächen ausgleichen konnten. Um auf meine Anfangsthese zurück zu kommen: Servius Tullius hat insofern großen Anteil an der Einführung der Hilfstruppen, als er ein Gefüge im römischen Heer geschaffen hat, dessen grundlegende Bestandteile bei der Neuorganisation durch Marius beibehalten wurden. Für jede Einschätzung der römischen Armee gilt, dass seit der Gründung Roms ständige Reformen im Heereswesen die Armee von einem unkontrollierbaren Haufen mit Schwerpunkt der Kampfweise auf individuellem Ruhm zu einer modernen Streitmacht mit komplizierten Taktiken und Strategien gemacht haben. Die römische Armee befand sich seit ihrer Gründung in einem ständigen Evolutionsprozess.[29]

2.2 Hilfstruppen allgemein

Wie beschrieben war das römische Heer vor allem nach den marianischen Reformen deutlich unflexibler als es noch wenige Jahre zuvor war. Allerdings hatte es den Römern immer schon an eigenen Fernkämpfern und Reitern gemangelt. Da diese Fähigkeiten aber ein Gefecht in hohem Maße beeinflussen können, waren die Römer auf die Anwerbung von Söldnern (*mercenarii/ conductii*[30]) oder auf die Aufstellung von Volksaufgeboten[31] angewiesen.[32] Zusätzlich gab es noch die iuventus – Verbände[33] die zu einer Reihe von organisierten Truppen der wehrfähigen

---

[28] Gleichzeitig sind die Legionen beeinflussbarer geworden – ihre Treue gilt jetzt nicht mehr notwendiger Weise dem Senat, sondern eher dem Feldherrn, der die Beute der Feldzüge aufteilt. Einzelpersonen können als kommandierende Offiziere einer Legion große Macht erlangen. Penrose, Jane: Rom und seine Feinde. Kriege – Taktik – Waffen. Stuttgart 2007, S. 105.

[29] Penrose, Jane: Rom und seine Feinde. Kriege – Taktik – Waffen. Stuttgart 2007, S. 28.

[30] Junkelmann, Marcus: Die Legionen des Augustus. Mainz am Rhein, 1986 S. 100.

[31] Das wichtigste Merkmal dieser Volksaufgebote war ihre provisorische Aufstellung; sie verblieben nicht in römischen Diensten, sondern wurden nur für eine kurze Zeitspanne einberufen (z. B. für einen Feldzug). Vgl.: Alföldy, Géza: Die Hilfstruppen der römischen Provinz Germania Inferior. Düsseldorf 1968, S. 93.

[32] Kraft, Konrad: Zur Rekrutierung von Alen und Kohorten an Rhein und Donau, Bern 1951, S. 38.

[33] Diese Verbände bestanden aus den Söhnen von Bürgern der Oberschicht und jungen Leuten niederer Abstammung. Ihre primäre Aufgabe war wohl, den jungen Leuten eine sportlich militärische Ausbildung zu geben. Ihre Organisation deutet auf eine Miliz hin. Vgl.: Bohec, Yann le: Die römische Armee, Hamburg 2009, S. 34 und Kraft, Konrad: Zur Rekrutierung von Alen und Kohorten an Rhein und Donau, Bern 1951, S. 38.

Urbevölkerung gehören.[34] In der Regel war jedes römische Heer mit Verbündeten verstärkt.[35] In den Zeiten der Republik und später auch im Kaiserreich konnte jeder Feldherr Truppenkontingente selbstständig ausheben, um Verluste zu kompensieren oder um spezielle Kampfweisen in seiner Armee zu integrieren. Livius beschreibt diese Kontingente als in Größe und Organisation (einschließlich Bewaffnung und Ausrüstung) den römischen Truppen ähnlich.[36] Allerdings war es schwer, solche Truppen in die Armee zu integrieren: Meistens konnte sich nur die Elite der Kämpfer eine Ausrüstung leisten, die von der Qualität her annähernd äquivalent zu der römischen war.[37] Diese vor Ort rekrutierten wurden neben dem Einsatz im Verbund mit dem Hauptheer auch für den Kampf auf Nebenschauplätzen verwand. Ein Einsatz in der Schlachtaufstellung selber kam jedoch nicht oder nur in Ausnahmesituationen vor.[38] Nach der Schlacht bei Cannae (216 v. Chr.) wurden sogar *volones* – Einheiten, die aus freigelassenen Sklaven bestanden, aufgestellt.[39]

Oft wird Augustus vorgeworfen, er habe nicht genug auf seine Reserven geachtet – sprich er habe zu wenige gebildet. Als Beleg dafür wird der Eroberungsversuch Germaniens gewertet, ohne dass die Balkangebiete vollständig befriedet gewesen wären. Das Problem ist offenkundig: Die römische Strategie ließ weite Gebiete ohne Sicherungstruppen zurück. Sicherlich war das richtig – aber betrachtet man den Sachverhalt von der ökonomischen Seite, verliert die Argumentation einen Teil ihrer Schlagkraft. Die Legionen zur Zeit des Augustus waren nicht damit beauftragt Sicherungsaufgaben zu übernehmen – sie dienten eher der Abschreckung und als mobile Eingreiftruppe aus dem Inland einer Provinz heraus[40]. Eine Stationierung an der Grenze hatte sicherlich den Vorteil einer „offensiven Bedrohung" von Gegnern im Vorfeld. Aber wen konnte man schon bedrohen? Die Legionen gehörten zu den

---

[34]Vgl.: Alföldy, Géza: Die Hilfstruppen der römischen Provinz Germania Inferior. Düsseldorf 1968, S. 88.

[35] Gilliver, Kate: Auf dem Weg zum Imperium. Die Geschichte der römischen Armee. Hamburg 2007, S. 28

[36] Gilliver, Kate: Auf dem Weg zum Imperium. Die Geschichte der römischen Armee. Hamburg 2007, S. 28

[37] Penrose, Jane: Rom und seine Feinde. Kriege – Taktik – Waffen. Stuttgart 2007, S. 106.

[38] Gilliver, Kate: Auf dem Weg zum Imperium. Die Geschichte der römischen Armee. Hamburg 2007, S. 30f.

[39] Toledo, Josef Sanchez: Imperium Legionis. Die römische Armee des Kaiserreichs. Berlin 2005, S. 30.

[40] Junkelmann, Marcus: Die Legionen des Augustus. Mainz am Rhein 1986, S. 77.

besten Infanterieverbänden der Welt und hatten kaum „echte" Gegner.[41] Vor allem nach dem Wegfall der Bedrohungen durch Karthago und die Diadochenreiche waren die kriegerischen Auseinandersetzungen eher auf das Ausmaß von Konflikten mit Kolonialkrieg – Charakter beschränkt – was die Bedeutung der Hilfstruppen enorm erhöhte[42], da ein Angriff von außen also eher unwahrscheinlich war. [43] Die Verlegung einer Legion aus einer (ruhigen) Grenzregion konnte allerdings durchaus Sinn machen (und damit kommt man wieder zurück zum eigentlichen Thema)[44]: In der Kaiserzeit verfolgte man einen Dualismus aus Militär und Politik: Man versuchte den Grenzen vorgelagerte Staaten und Stämme für sich zu gewinnen. Bei ausreichender militärischer Schlagkraft dieser Verbündeten, konnte man die sonst notwendigen Legionen und Hilfstruppen einsparen. Die Truppen der Verbündeten wurden zunächst nicht in das römische Heer mit eingebunden, sondern bildeten eine Art „Pufferzone" vor den Grenzen. Sie konnten im Falle des Falles immer noch mit römischen Streitkräften verstärkt werden.[45]

Hilfstruppen stellten, in welcher Ausprägung auch immer, die Masse der römischen Kavallerietruppen. Am Beispiel Cäsars wird das besonders deutlich: Der Feldherr. rekrutierte aus gallischen und germanischen Eliten eine derart große Streitmacht an Reitern, dass sie einen bedeutenden Beitrag zu Cäsars Sieg im Bürgerkrieg leisten konnte.

2.3 socii/ foederati

Die ersten eingesetzten Hilfstruppen waren die Streitkräfte der Verbündeten Roms. Rom erwartete einfach, dass seine Verbündeten Truppenkontingente stellten, die mit ihren eigenen kompatibel waren. Man kann fast von einer Art „Partnership for Peace" der Antike reden, denn durch diese Forderung konnten Kernfähigkeiten auf Bundesgenossen übertragen werden, was die Bildung eines extrem schlagkräftigen

---

[41] Die römische Armee hatte im Mittelpunkt ihrer Operationsführung Feldschlachten und Belagerungskriege, wohingegen Kleinkriege den Römern zuwider waren. Diese wurden an die Hilfstruppen abgegeben. Vgl.: Junkelmann, Marcus: Die Legionen des Augustus. Mainz am Rhein 1986, S. 254.

[42] Junkelmann, Marcus: Die Legionen des Augustus. Mainz am Rhein 1986, S. 254.

[43] Junkelmann, Marcus: Die Legionen des Augustus. Mainz am Rhein 1986, S. 76.

[44] Junkelmann, Marcus: Die Legionen des Augustus. Mainz am Rhein 1986, S. 77.

[45] Junkelmann, Marcus: Die Legionen des Augustus. Mainz am Rhein 1986, S. 77.

Heeres begünstigte.[46] Gleichzeitig kann man wohl von einer gezielten Anpassung (also einer frühen Form der gezielten Romanisierung) sprechen, da die Stellung von Hilfs- und Unterstützungstruppen ein wichtiges Element in Verträgen mit besiegten Stämmen und Völkern war. So konnten diese Stämme bzw. Völker an Rom herangeführt werden, ohne dass man ihre Gebiete vollständig besetzen musste – was vor allem sehr kostensparend war. Vor allem bei der Reiterei verließen sich die Römer auf die Kontingente der Verbündeten.[47] Unterschieden wird bei den Hilfstruppen verbündeter Stämme und Völker zwischen den *socii* (italische Verbündete) und *foederati* (außeritalische Verbündete).[48] Wichtig ist hier, dass die *socii*-Verbände zwar die Bezeichnungen *ala* („Schwinge")[49] und *cohors* (Kohorte) trugen und die Truppenkontingente auch als „voluntaria auxilia" bezeichnet wurden, aber in keiner Weise die Vorläufer der *auxilia* waren.[50] Der wesentliche Unterschied zwischen *auxilia* und *socii/ foederati* – Verbänden lag in der Länge des Dienstes für die römische Armee. Während die Auxiliartruppen ein Berufsheer bildeten, erfolgte die Disposition der socii und foederati durch nicht – römische Könige. Diese Truppenkontingente kehrten nach Ende des Krieges bzw. des Feldzuges wieder in ihre Heimat zurück.[51] Gestellt wurden nicht nur schwere Infanterie (die war durch die römischen Legionen ja ohnehin ausreichend vorhanden), sondern vor allem Kavallerie und leichte Infanterie, um den Mangel im römischen Heer zu beheben.[52] Gerade bei der Verfolgung von fliehenden Feinden wurden diese Truppengattungen benötigt. [53]Polybios erwähnt in seinen Schriften, dass die *socii* hauptsächlich an den Flanken des römischen Heeres (*ala sociorum*) eingesetzt waren – ein deutlicher Beleg dafür, dass die Masse der römischen Reiterei aus Hilfstruppen der

---

[46] Penrose, Jane: Rom und seine Feinde. Kriege – Taktik – Waffen. Stuttgart 2007, S. 26 und Gilliver, Kate: Auf dem Weg zum Imperium. Die Geschichte der römischen Armee. Hamburg 2007, S. 28.

[47] Gilliver, Kate: Auf dem Weg zum Imperium. Die Geschichte der römischen Armee. Hamburg 2007. S.28.

[48] Junkelmann, Marcus: Die Legionen des Augustus. Mainz am Rhein, 1986 S. 100.

[49] Der Begriff „*ala*" für Reitereiverbände leitete sich aus der Position der Kavallerie an den Flügeln der Schlachtformation. Vgl. Gilbert, Francois: Roms Hilfstruppen und Legionäre. Stuttgart 2007, S. 34.

[50] Junkelmann, Marcus: Die Legionen des Augustus. Mainz am Rhein, 1986 S. 100 .

[51] Hartung, : Römische Auxiliar – Truppen am Rhein. Würzburg 1870, S. 1.

[52] Junkelmann, Marcus: Die Legionen des Augustus. Mainz am Rhein 1986, S. 100.

[53] Gilliver, Kate: Auf dem Weg zum Imperium. Die Geschichte der römischen Armee. Hamburg 2007, S.28

Verbündeten bestand.[54] In seiner Beschreibung der *acies* gibt Polybios auch den Platz der *socii* in der Schlachtreihe wieder: Die Infanteristen der *socii* sollten zwischen der Kavallerie (die ja auch von den *socii* gestellt wurde) und den Legionen stehen. In Ausrüstung und Verhalten sollten sie den Legionen entsprechen. Onasander ergänzte dazu die Aufgaben der Hilfstruppen: Die Kavallerie sollte an den Flanken der feindlichen Kavallerie gegenüberstehen, während die leichte Infanterie den Gegner zum Kampf reizen sollte, um so seine Formation in Unordnung zu bringen. Diese Kampfweise, die in der Zeit der mittleren bis späten Republik eingesetzt wird, scheint durch die Änderung von Manipel– zu Kohortentaktik nicht beeinflusst worden zu sein; nur die Truppen haben sich geändert: Den Part der *socii* übernimmt die *auxilia*.[55]

Die von den römischen Bundesgenossen aufgestellten Truppenteile wurden zwar durch eigene Offiziere und Unteroffiziere geführt, standen aber in Kriegszeiten unter dem Oberbefehl der Römer.[56] Die Bewaffnung und Organisationsstruktur muss nahezu identisch gewesen sein, denn ansonsten wäre eine einheitliche Gefechtsführung in einer Schlachtreihe (wie mit Erfolg bei Zama[57]) nicht möglich gewesen.[58] Vor allem in Anbetracht der Tatsache, dass die Kontingente der Verbündeten in der Masse der Fälle genauso stark wie die römischen Truppen (oder sogar stärker) waren fällt auf, wie massiv der Einfluss der Römer gewesen sein muss. Mit Sicherheit ist es aber ein Beleg für die Überlegenheit des römischen Militärsystems – andernfalls hätten andere Staaten – zum Teil sogar solche, die nicht mit Rom verbündet waren – nicht einfach dieses System übernommen.[59] Die Integration von unterschiedlich ausgebildeten und ausgerüsteten Einheiten in ein

---

[54] „*ala*" ist eigentlich der Begriff für eine Kavallerieeinheit. Gilliver, Kate: Auf dem Weg zum Imperium. Die Geschichte der römischen Armee. Hamburg 2007. S.28.

[55] Diese von Livius und Polybios beschriebene Kampfweise bzw. Taktik gibt Vegetius auch wieder (er verwendet wahrscheinlich Catos „*de re militari*" als Quelle).Vgl. Gilliver, Kate: Auf dem Weg zum Imperium. Die Geschichte der römischen Armee. Hamburg 2007. S. 123.

[56] Penrose, Jane: Rom und seine Feinde. Kriege – Taktik – Waffen. Stuttgart 2007, S. 27 und Gilliver, Kate: Auf dem Weg zum Imperium. Die Geschichte der römischen Armee. Hamburg 2007. S.28.

[57] 202 v. Chr. , vgl.: Penrose, Jane: Rom und seine Feinde. Kriege – Taktik – Waffen. Stuttgart 2007, S. 28.

[58] Penrose, Jane: Rom und seine Feinde. Kriege – Taktik – Waffen. Stuttgart 2007, S. 27.

[59] Die Übernahme war zum Teil so vollständig, dass ganze Legionen (wie die *Legion XXII Deiotariana*) einfach übernommen werden konnten. Vgl.: Penrose, Jane: Rom und seine Feinde. Kriege – Taktik – Waffen. Stuttgart 2007, S. 159.

funktionierendes Gesamtheer hätte die Römer vor ein nahezu unüberwindbares Hindernis gestellt, denn gemeinsame Manöver gab es zu dieser Zeit nicht, da es nur das römische Heer als Berufsheer gab.

Diese Verbände standen nach dem Bundesgenossenkrieg (91 – 87 v. Chr.) allerdings nicht mehr (als Hilfstruppenverbände wie z.b. als Reiterei) zur Verfügung, da sich die Verbündeten Roms in dieser Zeit das römische Bürgerrecht erkämpften bzw. verliehen bekamen und somit zum Dienst in den Legionen herangezogen werden konnten.[60] Dadurch schufen die Römer nicht nur eine größere Menge an Rekruten für ihre Legionen, sondern ein gesamt – italisches Bewusstsein auf der gemeinsamen Basis des Wehrdienstes.[61] Ein von Velleius Paterculus stammendes Zahlenverhältnis von 2 socii – Soldaten auf einen römischen Bürgersoldaten in der späten Republik zeigt eindrucksvoll, wie schwer die socii im römischen Heer ins Gewicht fielen. Die Darstellung von Vegetius, in der das Verhältnis von 1:1 nie unterschritten wurde, ist wohl auf die Aufwertung der Legionen zur Mehrung des römischen Ruhmes zurückzuführen (also Propaganda).[62]

Für die Konzeption der Ergänzung ändert sich zunächst nichts: Die fehlenden Fähigkeiten (vor allem leichte Infanterie und Schützentruppen, sowie Kavallerie) werden weiterhin durch Hilfstruppen (vorerst nur *foederati*, später in Form der *auxilia*) gestellt.[63]

2.4 auxilia

Nach den marianischen Reformen ist der Bedarf an Hilfstruppen höher als je zuvor: Konnte man vor dem Bundesgenossenkrieg noch auf die Verbände der *socii* zurückgreifen, so fielen diese jetzt wie bereits beschrieben weg. Gleichzeitig verloren die *velites* ihren Platz in den Legionen an die einheitliche Bewaffnung. Die national-römische Reiterei wurde auf ein absolutes Minimum reduziert. Das bedingt, dass

---

[60] Gilliver, Kate: Auf dem Weg zum Imperium. Die Geschichte der römischen Armee. Hamburg 2007, S. 28.

[61] Junkelmann, Marcus: Die Legionen des Augustus. Mainz am Rhein, 1986 S. 99.

[62] Gilliver, Kate: Auf dem Weg zum Imperium. Die Geschichte der römischen Armee. Hamburg 2007, S. 33.

[63] Junkelmann, Marcus: Die Legionen des Augustus. Mainz am Rhein, 1986 S. 87.

man außer – italische Truppen anwerben[64] und halten musste, um diese Defizite auszugleichen. Eine klare Ausdifferenzierung der Hilfstruppen in die *auxilia* erfolgte erst in augusteischer Zeit – bis dahin war die Einbindung improvisiert. So war es Caesar zum Beispiel möglich eine schlagkräftige Kavalleriearmee aus Galliern aufzustellen, ohne dass er Beschränkungen (außer seinem Vermögen bzw. dem Sold der Soldaten) unterlegen gewesen wäre.[65] Wann kann man aber von *auxilia* sprechen? Was sind die wesentlichen Charakteristika dieser Einheiten? Zuerst zu nennen ist, dass die *auxilia* losgelöst von allen anderen Hilfstruppenkontingenten zu betrachten ist. Die in der *auxilia* dienenden Soldaten sind primär römische Bürger in spe und Berufssoldaten mit fest geregelter Dienstzeit.[66]

Pseudo Hygin teilt die *auxilia* in drei Einheiten – Verbände ein: die Infanteriekohorten (cohors)[67], die Kavallerie – Verbände (ala) und die gemischten Verbände aus Infanterie und Kavallerie (cohors equitata).[68] Diese Verbände konnten entweder *quingeniar* oder *militiar* sein, also entweder etwa 500 Mann oder etwa 1000 Mann stark.[69] Diese Zahlen sind nur „Papierstärke", in der Realität konnten die Zahlen deutlich von dem Sollwert abweichen.[70]

---

[64] Hilfstruppen waren unumgänglich um die Kampfkraft der Legionen zu ergänzen; vgl.: Penrose, Jane: Rom und seine Feinde. Kriege – Taktik – Waffen. Stuttgart 2007, S. 165.

[65] Junkelmann, Marcus: Die Legionen des Augustus. Mainz am Rhein 1986, S. 100.

[66] Kraft, Konrad: Zur Rekrutierung der Alen und Kohorten an Rhein und Donau. Bern 1951, S. 39.

[67] Auch *cohors* (*quingenaria* oder *miliaria*) *peditata*; vgl.: Sommer, C. Sebastian: „Where did they put their horses?" Überlegungen zu Aufbau und Stärke der Auxiliartruppen und deren Unterbringung in Kastellen. In: Provinzialrömische Forschungen: Festschrift für Günther Ulbert zum 65. Geburtstag; S. 149 – 168, S.165.

[68] Gilliver, Kate: Auf dem Weg zum Imperium. Die Geschichte der römischen Armee. Hamburg 2007, S. 28.

[69]

	Quingeniar	Soldaten	militiar	Soldaten
cohors	6 Zenturien	480	10 Zenturien	800
Cohors equitata	6 Zenturien	480	10 Zenturien	800
	4 *turmae* Kavallerie	120	8 *turmae*	240
		Gesamt: 600		Gesamt: 1040
ala	16 *turmae*	480	24 *turmae*	720

Die Quellenlage zur Stärke einer turma ist ungenau; eine turma besteht aus 30 oder 32 Soldaten; vgl.: Gilliver, Kate: Auf dem Weg zum Imperium. Die Geschichte der römischen Armee. Hamburg 2007, S. 30.

[70] Gilliver, Kate: Auf dem Weg zum Imperium. Die Geschichte der römischen Armee. Hamburg 2007, S. 30. Als Beispiel kann hier die Schlacht bei Pharsalos dienen: Während dieser Schlacht lag die Stärke der Kohorten der eingesetzten Legionen deutlich unter der Soll – Stärke (im Schnitt bei 275 Mann/ Kohorte).

Eine große Hilfe beim Aufbau der *auxilia* als eigenständige Hilfsmacht waren Klientelstaaten im hellenistischen Osten des Reiches. Diese Staaten verfügten zum Teil über Söldnerarmeen, die bereits eine feste Struktur hatten und Rom im Kriegsfall überlassen wurden.[71] Die Eingliederung der Staaten führte auch zur Eingliederung der Söldnerarmeen in die römischen Armeen – und damit zur Bildung einer soliden Basis der in ein festes Regelwerk eingebundenen Strukturen. War die *auxilia* im ersten vorchristlichen Jahrhundert noch ein eher loser Verbund von nicht einheitlichen Gruppen von angeworbenen Hilfstruppen, so erhebt Augustus sie zur zweiten Stütze der militärischen Macht – neben den Legionen. Das römische Heer stellte nach der augusteischen Heeresreform und seiner Wandlung zum Berufsheer die eigentliche Stütze der Macht der Kaiser – und damit der Macht des Imperiums – dar. Es garantierte Sicherheit nach innen und außen und diente als Integrationsmedium für verschiedene Kulturen. Dadurch hat das römische Heer bis heute eine einzigartige weltgeschichtliche Stellung bezüglich seiner Bedeutung inne.[72]

Mit Augustus erhält die auxilia eine Neugliederung in eine kontinuierliche, nach römischem Vorbild aufgebaute und ausgerüstete Einheit. [73] Augustus schafft es, aus der beständigen Improvisation des römischen Heeres feste Strukturen zu machen – was sich nicht zuletzt in der auxilia zeigt.[74] Allerdings hat Augustus wohl eher die bereits bestehenden Strukturen, die sich in der Zeit zwischen Gaius Marius und ihm gebildet hatten, per Erlass verifiziert.[75] Es gab zwei Hauptgründe für die Einführung der auxilia – Verbände:

1. Quantität: Augustus hatte die Zahl der Legionen nach dem Bürgerkrieg drastisch von 60 auf 28 aus finanz- und innenpolitischen Gründen gesenkt. Die Soldaten der Auxiliartruppen waren billiger als Legionäre und konnten Routinedienste und zweitrangige Kampfaufgaben von den Legionen

---

[71] Junkelmann, Marcus: Die Legionen des Augustus. Mainz am Rhein 1986, S. 100.

[72] Junkelmann, Marcus: Die Legionen des Augustus. Mainz am Rhein 1986, S. 76.

[73] Junkelmann, Marcus: Die Legionen des Augustus. Mainz am Rhein 1986, S. 100.

[74] Junkelmann, Marcus: Die Legionen des Augustus. Mainz am Rhein 1986, S. 99.

[75] Sumner, Oraham: Die römische Armee. Bewaffnung und Ausrüstung. Stuttgart 2007, S. 18f.

übernehmen.[76] (Eine Aufgabe der auxilia war die Sicherung der im Bau befindlichen Straßen. Die Unterbringung der Verbände erfolgte in (provisorischen) Lagern entlang der Straße.[77])

2. Aufgabenteilung: Die auxilia leistete flächendeckenden Dienst in kleinen Einheiten. Die Legionen bildeten das Rückgrat der Armee, wohingegen der flexible Einsatz eine Organisation der *auxilia* in ähnlich großen Verbänden unnötig machte.[78]

Daneben stand für Augustus im Vordergrund, dass er für sich eine ihm treu ergebene Stütze seiner Macht (die Armee) haben wollte. Deshalb führte er im Rahmen seiner Reformen nicht einfach nur die Aufstellung der Auxiliartruppen als Teil seines stehenden Heeres ein, sondern legte insgesamt die Regelung von Dienstbedingungen, Rechtsstatus und Privilegien fest, unter anderem die Entlohnung der Veteranen mit Land oder in Form eines Pauschalabschlages. Wichtigste Neuerung war aber wohl die Einführung einer zentralen, kaiserlichen Kasse, aus der der Sold für Legionäre und Auxiliarsoldaten bestritten wurde. So konnte sich Augustus der Loyalität seiner Truppen versichern.[79] Die augusteischen Reformen machten die *auxilia* allerdings nicht von jetzt auf gleich zur Berufsarmee. Die Entwicklung zielte zwar darauf ab, allerdings wurde sie erst frühestens gegen Ende der Regierungszeit von Claudius, eventuell sogar erst in der frühen flavischen Zeit, abgeschlossen.[80]

Umfassend kann man sagen, dass der Rekrutierungsschwerpunkt der Auxilia in der frühen Kaiserzeit im Westen des Reiches lag.[81] Die germanischen Stämme eigneten sich durch ihre von Kriegen mit Nachbarstämmen geprägte Lebensweise

---

[76] Junkelmann, Marcus: Die Legionen des Augustus. Mainz am Rhein 1986, S. 101.

[77] zum Beispiel in Rätien, vgl.: Junkelmann, Marcus: Die Legionen des Augustus. Mainz am Rhein 1986, S. 73.

[78] Zwischen den römischen Legionen und der auxilia herrschte ein ausgeprägter Neid bzw. ein Konkurrenzdenken, ausgelöst durch Privilegien, die sich aus den Modalitäten des Dienstes ergaben. Dabei kam es auch zu festen Handgreiflichkeiten bis hin zum offenen Kampf. Vgl.: Stoll, Oliver: Römische Armee und Gesellschaft. Gesammelte Beiträge 1991 – 1999. Stuttgart 2001, S. 119 – 121.

[79] Penrose, Jane: Rom und seine Feinde. Kriege – Taktik – Waffen. Stuttgart 2007, S. 177f.

[80] Kraft, Konrad: Zur Rekrutierung der Alen und Kohorten an Rhein und Donau. Bern 1951, S. 38, 42 und 138.

[81] Junkelmann, Marcus: Die Legionen des Augustus. Mainz am Rhein, 1986 S. 101.

hervorragend für einen Einsatz in den römischen Auxiliartruppen.[82] Das hieß natürlich, dass sie von sich aus erfahrene Krieger in die Streitkräfte mit einbringen konnten und so eine natürlich Quelle für Hilfstruppen darstellten. Vor allem das Beispiel Rätien sei hier genannt: Alleine zehn Kohorten aus der frühen Kaiserzeit sind durch Inschriften und Grabmäler nachweisbar.[83] In augusteischer Zeit stammt die Masse der Auxiliarinfanterie aus den Alpen und Donaugebieten. Da diese erst halbbefriedet waren, konnte eine Verbringung dieser Truppenteile in entfernte Provinzen die Gefährdung von Aufständen minimieren.[84] Ebenso eigneten sich die gallischen und iberischen Gebiete, in denen es schon für damalige Verhältnisse sehr gute Reiter gab, für die Rekrutierung der Alen. Zum Teil wurden bestehende Verbände in die Armee übernommen und neu organisiert.[85] Selbst nach der Verlegung des Rekrutierungsschwerpunktes für Kavalleriesoldaten von Gallien und Spanien nach Pannonien blieben laut Arrian keltische Begriffe in Militärjargon und Reglements bestehen.[86] Insgesamt wurde die auxilia vornehmlich in Europa rekrutiert.[87] Die Frage, die sich in diesem Zusammenhang stellt, ist natürlich, wie das Rekrutierungssystem der *auxilia* aussah. Die Auxiliarverbände wurden meist in den Grenzprovinzen des Reiches ausgehoben – entweder über Freiwilligenmeldungen, als Truppengestellung von unterworfenen Stämmen (wie eine Art Tribut) oder wenn nötig auch durch Zwangsrekrutierung. Die Benennung der Einheiten lassen jeweils auf den Aufstellungsort schließen[88], allerdings hat sich die vorherrschende Ethnie[89] zur Gründungszeit so gut wie nie halten können, da die Einheiten, nachdem sie in

---

[82] Junkelmann, Marcus: Die Legionen des Augustus. Mainz am Rhein, 1986 S. 62.

[83] Junkelmann, Marcus: Die Legionen des Augustus. Mainz am Rhein, 1986 S. 63.

[84] Junkelmann, Marcus: Die Legionen des Augustus. Mainz am Rhein, 1986 S. 101.

[85] Junkelmann, Marcus: Die Legionen des Augustus. Mainz am Rhein 1986, S. 100.

[86] Junkelmann, Marcus: Die Legionen des Augustus. Mainz am Rhein, 1986 S. 101.

[87] Die heute europäischen Gebiete stellten 78,5%, die asiatischen 15%, die afrikanischen 6,5% der gesamten aufgestellten Auxiliarverbände. Vgl. Bohec, Yann Le: Die römische Armee. Hamburg 2009, S. 106.

[88] Kraft, Konrad: Zur Rekrutierung der Alen und Kohorten an Rhein und Donau. Bern 1951, S. 21.

[89]Doppelte Länderbezeichnungen lassen darauf schließen, dass zwei Einheiten verschiedener Aufstellungsgebiete zusammengelegt wurden. Vgl.: Bohec, Yann le: Die römische Armee. Hamburg 2009, S. 102.

andere Provinzen verlegt wurden, entweder vor Ort Rekruten warben[90] oder durch eine zentrale Instanz[91] Ersatz zugewiesen bekamen.[92] Diese „zentrale Instanz" waren für die Rekrutierung von Legion und *auxilia* eingesetzte *delicatores*, die für einen Frontabschnitt zuständig waren. Gleichzeitig gab es die Möglichkeit der Standortergänzung. Alen und Kohorten wurde anscheinend ein Bereich zugewiesen, in denen sie Rekruten anwerben konnten.[93] Die Einheiten hatten keinen Anspruch auf Ersatzgestellung[94] aus dem Aushebungsgebiet, sondern mussten nehmen, was sie an Rekruten bekamen.[95] Die Weiterergänzung der Alen und Kohorten ist also in drei Formen möglich:

1. Ergänzung aus dem Hinterland („lokale Conscription")

2. Verschickung von Rekruten als Ersatzgestellung

3. Ergänzung aus den ursprünglichen Aufstellungsgebieten

Überwiegend wurde im Laufe der Zeit die Ergänzung aus dem Hinterland genutzt, die Verschickung von Rekruten (die nichts mit der Verschickung von ganzen Einheiten zu tun hat, die Intention der Verschickung von Einheiten ist eine andere),[96] hatte aber dennoch einen hohen Stellenwert: Unter Hadrian wurden vor allem

---

[90]Die häufige Nichtentsprechung von Kohorten- bzw. Alennamen mit der Heimat der in ihnen dienenden Soldaten zeigt, dass die Rekrutierung lokal im Einsatzland oder zentralgesteuert geschah, dass aber keine Rekruten aus den eigentlichen Aufstellungsorten „importiert" wurden. Vgl. Kraft, Konrad: Zur Rekrutierung der Alen und Kohorten an Rhein und Donau. Bern 1951, S. 45.

[91] Eine Zentralinstanz zur Ergänzung der Alen und Kohorten machte durchaus Sinn. Der Ansatz für eine solche Trennung von Truppenkommando und Rekrutierungsbehörde war, dass man den Aufbau einer unabhängigen Militärgewalt erschweren wollte. So konnte ein Stadthalter einer Provinz sein Heer nicht ohne das Wissen Roms über Gebühr ausbauen. Vgl.: Kraft, Konrad: Zur Rekrutierung der Alen und Kohorten an Rhein und Donau. Bern 1951, S. 63.

[92] Sumner, Oraham: Die römische Armee. Bewaffnung und Ausrüstung. Stuttgart 2007, S. 20.

[93] Kraft, Konrad: Zur Rekrutierung der Alen und Kohorten an Rhein und Donau. Bern 1951, S. 50.

[94]In der Frühzeit der *auxilia* konnten Einheiten für einen kurzen Zeitraum noch aus ihrem Gründungsgebiet rekrutieren, allerdings ist dieser Umstand m. E. in Anbetracht der kurzen Zeitspanne fast zu vernachlässigen. Vgl.: Bohec, Yann Le: Die römische Armee. Hamburg 2009, S. 102.

[95] Kraft, Konrad: Zur Rekrutierung der Alen und Kohorten an Rhein und Donau. Bern 1951, S. 38.

[96] Kraft, Konrad: Zur Rekrutierung der Alen und Kohorten an Rhein und Donau. Bern 1951, S. 62.

Thraker in verschiedene Alen (unabhängig von der ethnischen Zusammensetzung) versetzt, um so die Kampfkraft und den Ausbildungsstand zu erhöhen.[97]

Die aufgestellten neuen Verbände wurden – unabhängig von ihrer Truppengattung – mit römischen Kommandeuren[98] ausgestattet. Ziel war, dass so die gewünschte Verbindung zwischen den nationalen Qualitäten der Soldaten und römischer Disziplin hergestellt wurde.[99] Diese Entwicklung verläuft bei den verschiedenen Truppengattungen unterschiedlich schnell: Die Kavallerie, die bereits in augusteischer Zeit (durch den Mangel bei den Legionen) straff organisiert ist, fügt sich deutlich schneller in die neue Form innerhalb des römischen Heeres ein. Die Entwicklung bei der Infanterie geht deutlich langsamer von statten. Betrachtet man die Alen und Kohorten der vorflavischen Zeit, so stellt man fest, dass noch verhältnismäßig viele Kohorten Soldaten aus nur einem Gebiet beinhalten, während die Alen schon stark mit Soldaten aus verschiedenen Gebieten durchsetzt sind[100]- ein Beleg dafür, dass die Kohorten deutlich später als die Alen formiert wurden.

Die Begründung liegt auf der Hand: Der eklatante Mangel an Kavallerie musste zügig behoben werden, wohingegen die Infanterie nicht sofort benötigt wurde.[101] Reiterverbände mussten also frühzeitig formiert werden, damit die langwierige und schwierige Ausbildung von Männern und Pferden stattfinden konnte.[102] Gleichzeitig besteht bei den Infanterieverbänden ein größeres Integrationsproblem als bei den Kavallerieabteilungen: die Kampfweise der Infanteristen musste angepasst werden, während die Kavallerie zwar dem römischen Reglement unterworfen wurde, ihre

---

[97] Thraker waren hoch angesehene Kavalleristen zu ihrer Zeit; vgl.: Kraft, Konrad: Zur Rekrutierung der Alen und Kohorten an Rhein und Donau. Bern 1951, S. 61.

[98] Die römischen Offiziere der *auxilia* waren häufig aus den Legionen herüber gewechselt waren, vgl.: Junkelmann, Marcus: Die Legionen des Augustus. Mainz am Rhein, 1986 S. 103.

[99] Das Unterstellungsverhältnis der Auxiliareinheiten war sehr einfach geregelt: kämpfte eine Legion allein, so wurden ihr – wie eine *vexillatio* – die Hilfstruppen unterstellt und der *legatus legionis* führte die Truppen. Kämpften mehr als eine Legion, so wurden die Hilfstruppen durch den Verband geführt – also direkt dem *legatus exercitus* unterstellt. Vgl.: Junkelmann, Marcus: Die Legionen des Augustus. Mainz am Rhein 1986, S. 244.

[100] Kraft, Konrad: Zur Rekrutierung der Alen und Kohorten an Rhein und Donau. Bern 1951, S. 44.

[101] Junkelmann, Marcus: Die Legionen des Augustus. Mainz am Rhein 1986, S. 100.

[102] Kraft, Konrad: Zur Rekrutierung der Alen und Kohorten an Rhein und Donau. Bern 1951, S. 44.

Kampfweise aber beibehalten werden konnte.[103] Die Organisation bzw. Neuordnung der Auxiliarinfanterie schafft es erst während der Kaiser Claudius und Nero die Infanterie auf den Stand der Kavallerie zu bringen.[104] Durch die Nähe zu den Legionen während eines Feldzuges und durch die römischen Kommandeure[105] war bei längerer Dienstzeit ein Romanisierungsprozess kaum zu vermeiden.[106] Die vornehmlich im ostwärtigen Mittelmeerraum rekrutierten und zahlenmäßig weniger häufig vorkommenden Schützentruppen geben, verglichen mit den sich sehr schnell anpassenden restlichen Soldaten der *auxilia* ihre nationalen Eigenheiten eher langsam auf. Der hier geschehende Romanisierungsprozess findet deutlich langsamer statt.[107] Es ist ein deutlicher Unterschied zwischen den orientalischen und den westlichen Auxiliartruppen zu beobachten: Bei den orientalisch geprägten Verbänden ist der Versuch der Wahrung des ursprünglichen nationalen Charakters deutlich zu erkennen, wohingegen bei den westlichen Auxiliareinheiten kaum so etwas beobachtet werden kann.[108] Insgesamt lässt sich sagen: Je romanisierter eine Auxiliareinheit war, desto einfacher ließ sie sich lenken und in das Gefüge der römischen Armee einfügen und desto zuverlässiger war sie. Aber: Im Umkehrschluss bedeutete dieser Anpassungsprozess, dass die nationalen Eigenarten und Fähigkeiten (die ehemals den eigentlichen Wert dieser Einheiten ausgemacht hatten) immer weiter in den Hintergrund gedrängt wurden und mitunter sogar ganz verschwanden.[109] Ein Beleg dafür ist sicherlich der mögliche Einsatz von Hilfstruppen als Träger des Kampfes. Um taktisch in dieser Form eingesetzt zu werden, muss die Ausrüstung insgesamt sehr einheitlich gewesen sein, ansonsten

---

[103] Stoll, Oliver: Römische Armee und Gesellschaft. Gesammelte Beiträge 1991 – 1999. Stuttgart 2001, S. 275.

[104] Junkelmann, Marcus: Die Legionen des Augustus. Mainz am Rhein 1986, S. 101.

[105] Der Kommandeur einer *ala* war ein Reiterpräfekt, der Kommandeur einer Kohorte war ein Infanteriepräfekt. In augusteisch – tiberischer Zeit wurden oft ehemalige Legionszenturionen als Präfekten eingesetzt. Ab Claudius werden die Präfektenstellen zu einer Domäne des Ritterstandes. Vgl.: Junkelmann, Marcus: Die Legionen des Augustus. Mainz am Rhein, 1986 S. 103.

[106] Junkelmann, Marcus: Die Legionen des Augustus. Mainz am Rhein 1986, S. 101.

[107] Junkelmann, Marcus: Die Legionen des Augustus. Mainz am Rhein 1986, S. 101.

[108] Die Nachweise für so ein Verhalten fehlen nicht ganz, allerdings treten solche Fälle in der Regel in weniger romanisierten Völkerschaften (wie zum Beispiel bei den Brittonen) auf. Vgl.: Kraft, Konrad: Zur Rekrutierung der Alen und Kohorten an Rhein und Donau. Bern 1951, S. 63.

[109] Junkelmann, Marcus: Die Legionen des Augustus. Mainz am Rhein, 1986 S. 101.

wäre eine zusammenhängende Gefechtsführung unmöglich gewesen, da die Auxiliareinheiten wie erwähnt nicht in Großverbänden organisiert waren. Gleichzeitig ist es ein Beleg für die Übernahme der römischen Disziplin und Kampfweise.[110] Das zeigt sich vor allem in der Gliederung der Einheiten. Sie waren zum einen wie die Legionen in Kohorten organisiert, zum anderen gab es die meisten der unteren Legionsränge auch in der *auxilia*. Allein die Zahl der immunes wich deutlich ab, was durch die Nichtbeteiligung der *auxilia* an Bauvorhaben bis ins zweite Jahrhundert erklärbar ist.[111]

Es passt ins Bild, dass ab der flavischen Zeit die Rekrutierung und Ergänzung der Alen und Kohorten nicht mehr durch die Stämme und Völker selber vorgenommen wurde[112], sondern durch eine zentrale römische Behörde in den Provinzen gesteuert wurde.[113]

Die „Hauptattraktion" der auxilia war der Erhalt von *conubium* und *civitas Romana*. Zusätzlich gab es für Veteranen die Aussicht auf Vergünstigungen, wie zum Beispiel die Befreiung von Abgaben und öffentlichen Diensten. Die Familienmitglieder der Filialgenerationen hätten dann zur Legion gehen, politische Karriere machen oder einen höheren Dienstposten in den *auxilia*–Verbänden anstreben können. Zumindest für die Nachkommen der Veteranen klingt das gut. Dem gegenüber steht eine Mindestdienstzeit von 25 Jahren – genauer wird im Abschnitt Militärdiplome auf diese Problematik eingegangen. Zusätzlich war der hohe Sold (immerhin fünf Sechstel des Legionärsoldes) einen Ansporn zum Dienst in den Auxiliareinheiten. Dieser hohe Sold erklärt zudem die fast verschwenderisch anmutenden Grabmäler der Hilfstruppensoldaten.[114] Zusätzlich zu diesen Möglichkeiten der Belohnung, gab es

---

[110] Gilliver, Kate: Auf dem Weg zum Imperium. Die Geschichte der römischen Armee. Hamburg 2007, S. 126.

[111] Sumner, Oraham: Die römische Armee. Bewaffnung und Ausrüstung. Stuttgart 2007, S. 19.

[112] Die Durchmischung der Alen und Kohorten mit verschiedenen Ethnien schaffte natürlich auch Konflikte; vgl. Penrose, Jane: Rom und seine Feinde. Kriege – Taktik – Waffen. Stuttgart 2007, S. 165.

[113] Junkelmann, Marcus: Die Legionen des Augustus. Mainz am Rhein, 1986 S. 101.

[114] Sumner, Oraham: Die römische Armee. Bewaffnung und Ausrüstung. Stuttgart 2007, S. 19.

die Möglichkeit von den Hilfstruppen zu den angeseheneren Legionen versetzt zu werden.[115]

Neben den „normalen" *auxilia* – Verbänden, die sich aus *peregrini,* also freien Provinzialen ohne Bürgerrecht, zusammensetzten[116], gab es Verbände, die sich ausschließlich aus römischen Bürgern zusammensetzten. Diese Kohorten standen den Legionskohorten im Ansehen und im Rang nicht nach, sondern wurden als gleichwertig angesehen.[117] Diese Einheiten trugen den Zusatz c. R. (*civum Romanum*) und sind deutlich zu unterscheiden von „echten" (aus *peregrini* bestehenden) Einheiten ab der flavischen Zeit, die den gleichen Zusatz trugen, weil ihnen das römische Bürgerrecht als Auszeichnung während des Dienstes[118] verliehen wurde.[119] Als Grund für den Eintritt von Römern in die Hilfstruppen nennt Hartung den leichteren Dienst[120], man kann aber davon ausgehen, dass die begrenzte Zahl der Legionen in der Kaiserzeit[121] zu bestimmten Zeitpunkten einfach keine neuen Rekruten mehr aufnehmen konnte. Da es aber sicherlich mehr Interessenten für einen Dienst in der Armee gab (vermutlich vorwiegend *proletarii*), könnte dies ein weiterer Grund für die Schaffung solcher Kohorten gewesen sein. Ab dem zweiten Jahrhundert nach Christus treten allerdings immer mehr Bürger in die *auxilia* ein, nicht nur in den *cohors voluntarium*, sondern in allen Verbänden, so dass langsam die Grenzen zwischen Legion und *auxilia* verschwimmen.[122] Dazu kommt noch, dass die Bürgerkohorten ab der Regierungszeit Kaiser Neros auch peregrini

---

[115] Die Notwendige Voraussetzung war natürlich das bereits erhaltene Bürgerrecht. Vgl.: Bohec, Yann Le: Die römische Armee, Hamburg 2009, S. 67. Nach der Zeit zwischen 110 und 117 nach Christus dürften solche Versetzungen nicht mehr vorgekommen sein, da hier nach 25 Jahren die Soldaten aus den Hilfstruppen entlassen wurden (s. u.).

[116] Junkelmann, Marcus: Die Legionen des Augustus. Mainz am Rhein, 1986 S. 101.

[117] *cohors voluntariorum*, vgl.: Hartung, : Römische Auxiliar – Truppen am Rhein. Würzburg 1870, S. 2.

[118] Später als Ersatz für entlassene und getötete Soldaten rekrutierte Neue erhielten dieses Recht nicht, die Einheit trug den Zusatz wohl als Ehrenzeichen (ähnlich wie z.B. die Legion VI „Victrix" bzw. „Ferrata"), vgl. Junkelmann, Marcus: Die Legionen des Augustus. Mainz am Rhein, 1986 S. 103.

[119] Junkelmann, Marcus: Die Legionen des Augustus. Mainz am Rhein, 1986 S. 101.

[120] Hartung, : Römische Auxiliar – Truppen am Rhein. Würzburg 1870, S. 3.

[121] Augustus reduzierte die Zahl der Legionen von 60 in den Bürgerkriegen auf 28, vgl.: Junkelmann, Marcus: Die Legionen des Augustus. Mainz am Rhein, 1986 S. 101.

[122] Junkelmann, Marcus: Die Legionen des Augustus. Mainz am Rhein, 1986 S. 101.

aufnahmen. Bis ins zweite Jahrhundert rekrutierten sie allerdings keinen Ersatz aus dem eigentlichen Hinterland ihrer Standorte und wahrten so ihre Sonderrolle. Unter Trajan wurde dieser Sonderstatus[123] dann letztendlich aufgehoben und die Bürgerkohorten der „normalen" auxilia rechtlich gleichgestellt.[124]

Ab 212 nach Christus verwischen nach der *constitutio antoniniana* die Grenzen zwischen auxilia und Legion, da im Zuge dieser Reform der zu dieser Zeit herrschende Caracalla allen Einwohnern des römischen Reiches die *civitas Romana* verleiht.[125]

Das endgültige Ende der Auxiliarverbände begann unter Diokletian. Während der Regierungsperiode dieses Kaisers wurde das bis dahin vorherrschende Konzept der „mobilen Legionsreserve" verworfen. Diokletian verstärkte die Verteidigungsbauten, baute neue Straßen und stationierte Truppen in Grenznähe. Er legte damit den Grundstein zu den Veränderungen, die Konstantin letztendlich umsetzt: Unter ihm wurde die Armee von Grund auf neu konzipiert: Seine Absicht ist es, eine tief gestaffelte Verteidigung aufzubauen. Dementsprechend ist seine Armee aufgebaut: Das gesamte Heer wird in zwei Teile aufgespalten. Zum einen wurden unbewegliche Grenz- bzw. Garnisonstruppen[126] geschaffen, die im Laufe der Zeit eher zu einer Teilzeitmiliz degenerieren, zum anderen schuf Konstantin regional zentral stationierte Feldheere, die *comitatenses*, um auf Bedrohungen schnell und flexibel reagieren zu können.[127] Die Teilung des Heeres in zwei Teile bedeutete also einen Bedeutungsverlust von Legionen und *auxilia*.[128]

---

[123] Zwar waren die cohors voluntarium civum Romanum in der Regel teilberittene Einheiten, allerdings ist der zur Verfügung stehende Platz in den Befestigungsanlagen in denen diese Einheiten untergebracht wurden so groß, dass man daraus schließen könnte, dass sie auch hier eine Sonderbehandlung erfahren. Vgl.: Sommer, C. Sebastian: „Where did they put their horses?" Überlegungen zu Aufbau und Stärke der Auxiliartruppen und deren Unterbringung in Kastellen. In: Provinzialrömische Forschungen: Festschrift für Günther Ulbert zum 65. Geburtstag; S. 149 – 168, S. 166.

[124] Kraft, Konrad: Zur Rekrutierung der Alen und Kohorten an Rhein und Donau. Bern 1951, S. 86.

[125] Sumner, Oraham: Die römische Armee. Bewaffnung und Ausrüstung. Stuttgart 2007, S. 20.

[126] *limetanei* an Landgrenzen und *ripenei* an Flußgrenzen

[127] Penrose, Jane: Rom und seine Feinde. Kriege – Taktik – Waffen. Stuttgart 2007, S. 243.

[128] Toledo, Josef Sanchez: Imperium Legionis. Die römische Armee des Kaiserreichs. Berlin 2005, S. 106.

2.5 numeri und cunei

Wie beschrieben näherte sich die *auxilia* durch die fortschreitende Romanisierung immer weiter den Legionen an. Dadurch verlor sie mehr und mehr die nationalen Eigenheiten (zum Beispiel durch Übernahme von römischen Taktiken und Ausrüstungsgegenständen), die der eigentliche Grund für ihre Aufnahme in die römische Armee waren:[129]Die Ergänzung der nur aus schwerer Infanterie bestehenden Legionen mit eigenen taktischen Vorgehensweisen und Waffen.

Ein *numerus* oder *cuneus*[130] war ein solcher irregulärer Verband bzw, eine irreguläre Formation[131] der Hilfsvölker.[132] Irregulär deshalb, weil *numerus* als Bezeichnung für nichtrömische Verbände gebraucht wurde, die weder *ala* noch *cohors* waren.[133] Diese Verbände nutzten (anfänglich) ihre eigenen Waffen und wurden durch eine eigene Führerelite befehligt. Zudem war die Mehrheit dieser Soldaten schlechter besoldet als die *auxilia* und erhielten das römische Bürgerrecht nicht.[134] Durch notwendig gewordene Ersatzbeschaffung der Verbände änderte sich aber auch hier die Ausrüstung relativ schnell, da es leichter war, auf die Arbeiten der Römer zurückzugreifen, als selbst die erforderliche Zeit aufzubringen.

Die berühmtesten *numeri* waren wohl die den Grenzforts zugeordneten *exploratores*, Kundschafterverbände, die im Vorfeld der Grenze Aufklärungsarbeit verrichteten.[135] Es ist auffällig, dass numeri in größerer Zahl nur aus Provinzen bekannt sind, die über keine Flüsse als Grenzen verfügen, was wahrscheinlich an ihrer

---

[129] Sumner, Oraham: Die römische Armee. Bewaffnung und Ausrüstung. Stuttgart 2007, S. 20.

[130]*cuneus* – lat. Keil; als *numeri* werden die Infanterieverbände dieser irregulären Einheiten bezeichnet, *cunei* waren die Kavallerieverbände. Ein *cuneus* konnte aber durchaus als *numerus* bezeichnet werden, was wohl ein Indiz für seine Flexibilität war. Vgl. Sumner, Oraham: Die römische Armee. Bewaffnung und Ausrüstung. Stuttgart 2007, S. 21.

[131]Sommer, C. Sebastian: „Where did they put their horses?" Überlegungen zu Aufbau und Stärke der Auxiliartruppen und deren Unterbringung in Kastellen. In: Provinzialrömische Forschungen: Festschrift für Günther Ulbert zum 65. Geburtstag; S. 149 – 168, S. 153.

[132] Gilbert, Francois: Roms Hilfstruppen und Legionäre. Stuttgart 2007, S. 88.

[133] Bohec, Yann Le: Die römische Armee, Hamburg 2009, S. 28.

[134] Sumner, Oraham: Die römische Armee. Bewaffnung und Ausrüstung. Stuttgart 2007, S. 21.

[135] Alföldy, Géza: Die Hilfstruppen der römischen Provinz Germania Inferior. Düsseldorf 1968, S. 95.

Aufklärungsaufgabe gelegen hat.[136] Oft bemannten diese Einheiten Signaltürme und Außenposten, um so die Auxiliartruppen zu entlasten. Ebenso wichtig waren die Bogenschützen der römischen Armee, die zum Großteil nicht in der auxilia, sondern in numeri Verbänden ihren Dienst versahen.[137]

Bei langer Stehzeit an einem Ort konnte der Name dieses Ortes dem Namen des Verbandes angehängt werden.[138] Die Benennung der Verbände konnte auf ihren Anführer, ihre Herkunft und/ oder auf ihre Aufgabe verweisen.[139] Unter Hadrian wurden diese Verbände als Ergänzung der römischen Armee[140] institutionalisiert.[141]

Numeri konnten auch gebildet werden, indem Soldaten verschiedener Auxiliarformationen zusammengesetzt wurden, um so eine bestimmte Aufgabe zu erfüllen. Bedeutendste Vertreter dieser „Art" von numeri sind die pedites singulares

---

[136]In Provinzen mit Flußgrenzen war die Aufklärung im Vorfeld nicht so wichtig wie in Provinzen ohne solche natürlichen Hindernisse, da der Feind, wollte er einen Fluss mit einer großen Anzahl von Truppen überwinden, zwangsläufig aufgeklärt worden wäre. In einem solchen Fall hätte die Zeit, die notwendig ist, um eine hohe Anzahl an Soldaten mit Ausrüstung überzusetzen, ausgereicht, um eigene Truppen heranzuführen. Vgl.: Alföldy, Géza: Die Hilfstruppen der römischen Provinz Germania Inferior. Düsseldorf 1968, S. 95.

[137] Bohec, Yann Le: Die römische Armee. Hamburg 2009, S. 106.

[138] Sumner, Oraham: Die römische Armee. Bewaffnung und Ausrüstung. Stuttgart 2007, S. 22.

[139] Sumner, Oraham: Die römische Armee. Bewaffnung und Ausrüstung. Stuttgart 2007, S. 21.

[140]Yann Le Bohec vertritt hier die These, dass die numeri geschaffen wurden, um die „Barbaren" in die römische Armee integrieren zu können, da die auxilia so populär wurde, dass man romanisierten Unterworfenen und römischen Bürgern den Vorzug gewährte (Vgl.: Bohec, Yann Le: Die römische Armee, Hamburg 2009, S. 29). Diese These halte ich für abwegig, da zum einen trotz des hohen Grades an Romanisierung in den Alen und Kohorten immer noch der „gute Ruf" einiger Nationen (Beispiel der Thraker als Kavalleristen bzw. der Germanen als Infanteristen) vorherrschte und solche Soldaten wohl – den anderen Autoren und deren Forschungsergebnissen zu Folge – eher rekrutiert wurden. Bohec führt aus, dass immer mehr Römer ab dem zweiten Jahrhundert in die auxilia eintraten. Allerdings gab es schon unter Augustus (s. o.) die cohors voluntarium civum Romanum, die speziell für römische Bürger geschaffen wurden. Wären römische Bürger in einem so hohen Maße zur auxilia gestoßen, so hätte man doch mit Sicherheit diese Sonderform der auxilia weiter beibehalten statt wie unter Nero damit zu beginnen peregrini in diese Kohorten zu integrieren(s. o.). Eine Aufstellung der numeri – Verbände als Ersatz für auxilia – Plätze wäre also einem der Anliegen – nämlich dem Integrieren der peregrini in die römische Gesellschaft als römische Bürger – entgegen gelaufen. Da die numeri ihre nationalen Kampfweisen beibehielten und nicht in dem Maße romanisiert waren bzw. wurden wie die auxilia (sie erhielten die civitas Romana nicht!), ist meines Erachtens die These der zusätzlichen Ergänzung, wie sie zum Beispiel von Sumner formuliert wird, der These von Bohec vorzuziehen.

[141] Bohec, Yann Le: Die römische Armee, Hamburg 2009, S. 29.

und equites singuleres, die aus der auxilia rekrutiert wurden, um eine Leibwache für Legaten/ Stadthalter zu bilden.[142]

3. Einsatz der Hilfstruppen und Stellenwert in der Armee

Die Legionen und *cohors voluntarium civum Romanum* standen sicherlich im Rang und im Ansehen am höchsten. Innerhalb des Provinzheeres gliederte sich die Reihenfolge nach Ansehen wie folgt:

1) Legion

2) ala miliaria

3) ala quingenaria

4) cohors miliaria

5) cohors quingenaria

6) cohors quingenaria equitata[143]

7) numeri[144]

Wie wichtig die Hilfstruppen waren, lässt sich auch am Sold erkennen. Ein Infanterist der Auxilia erhielt nicht sonderlich viel weniger als ein Legionär.[145] Vor allem der hohe Stellenwert der Kavallerieeinheiten ist auffällig. Genau das ist erklärbar, wenn man sich vor Augen führt, dass es in der Regel die Reiterei einer Armee war, die –

---

[142] Wagner, Walter: Die Dislokation der römischen Auxiliarformationen in den Provinzen Noricum, Pannonien, Moesien, und Dakien von Augustus bis Gallienus. Berlin 1938.
[143] Junkelmann, Marcus: Die Legionen des Augustus. Mainz am Rhein, 1986 S. 118.

[144] Bohec, Yann Le: Die römische Armee, Hamburg 2009, S. 28.

[145]

Soldat	Sold
Legionär	225 Denare
Auxiliarinfanterist	190 Denare
Auxiliarkavallerist	265 Denare

Vgl. Toledo, Josef Sanchez: Imperium Legionis. Die römische Armee des Kaiserreichs. Berlin 2005, S. 46.

als schnellste und mobilste Truppengattung - das letzte Manöver einer Schlacht durchführte.[146]

3.1 Verlässlichkeit

Auxiliar – und Hilfstruppen konnten nicht nur positiven Nutzen für das römische Reich darstellen. Durch ihre geschulte und disziplinierte Kampfweise entstand so etwas wie eine „ungewollte" Romanisierung, denn diese Verbände konnten Rom teuer zu stehen kommen: Aufständische (einheimische) Hilfstruppen in Illyrium lösten eine Revolte gegen die römischen Besatzer aus. Durch ihre gute Ausbildung und Ausrüstung banden sie zwischen acht und zehn Legionen (!) für vier Jahre. Ein weiteres Beispiel ist die Varusschlacht: Auch hier scheinen einheimische Auxiliare hinter der Rebellion gegen den römischen Stadthalter zu stehen - Arminius ist sogar in den Ritterstand aufgestiegen. Rom hat sich in beiden Fällen gut ausgebildete Feinde mit annähernd römischer Ausrüstung und Disziplin selbst „herangezogen". Zugleich zeigen beide Beispiele, dass ein Verbleib von Hilfstruppen in der jeweiligen Aufstellungsprovinz ein Gefährdungspotential ist.[147] Die römische Strategie die Gefährdung durch das Verbringen von Einheiten in entfernte Provinzen zu minimieren wurde erst nach dem Bataver – Aufstand (70 n. Chr.) konsequent durchgeführt. Vorher war es durchaus Usus aufgestellte Einheiten in ihren Heimatgebieten zu lassen.[148]

Für die römischen Geschichtsschreiber, die ihren Fokus auf die Legionen legen, sind Hilfstruppen zunächst einmal nur Randerscheinungen. Die Taten der Legionäre haben bei ihnen in der Regel mehr Wert, als die Taten der Hilfstruppen. Dabei ist vermutlich ausschlaggebend, dass Legionäre mit dem römischen Bürgerrecht ausgestattet sind, Hilfstruppen in der Regel nicht. Die Rechnung für die Schreiber ist also eher einfach: Legionen = Bürger = Staat. Diese Art des Denkens geht zwar in der Kaiserzeit zurück, beeinflusst die Texte aber nach wie vor. Eine Aufwertung der Legionen war gleichbedeutend mit einer Aufwertung des Staates bzw. des Reiches. Insofern sind Ausführungen von Geschichtsschreibern dieser Zeit mit Vorsicht zu

---

[146]Dieser Fakt wird häufig übersehen, da die römischen Schreiber ihren Fokus auf die schwere Infanterie, sprich die Legionen, legten. Vgl.: Junkelmann, Marcus: Die Legionen des Augustus. Mainz am Rhein 1986, S. 245.

[147] Junkelmann, Marcus: Die Legionen des Augustus. Mainz am Rhein 1986, S. 83.

[148] Sumner, Oraham: Die römische Armee. Bewaffnung und Ausrüstung. Stuttgart 2007, S. 20.

genießen.[149] Die allgemeine Haltung der römischen Historiker zu den Hilfstruppen in der späten Republik und im Kaiserreich war sehr distanziert.[150] Kampfqualitäten der Hilfstruppen wurde nicht getraut. So schreibt Caesar zum Beispiel, dass Crassus beim Kampf gegen die Aquitanier die Hilfstruppen in der Mitte der acies zwischen seinen Legionen einsetzt, genau so wie Domitius Calvinus die von Deiotarus (König der Gallater) gestellten „Legionen" (Hilfstruppen) mit nur kleiner Front ebenfalls in der Mitte einsetzt.[151] Appian geht sogar einen Schritt weiter und erwähnt, dass die bei Pharsalos eingesetzten Hilfstruppen nur wegen ihres optischen Eindrucks an der Schlacht teilnahmen.[152] Vegetius sieht den Niedergang des römischen Reiches in seinen Schriften darin, dass die „antiqua legiones" untergegangen sind. Er führt aus, dass die Legionen nicht mehr genug Disziplin gehabt hätten, dass sie ineffizient geworden seien und dass die Hilfstruppen nicht zuverlässig gewesen seien.[153]

Bei Pseudo Hygin findet sich dementsprechend eine Textzeile, die genau diesen Sachverhalt unterstützt. In seiner Beschreibung eines Marschlagers bzw. der Lage und den Aufgaben der in ihm Lagernden, schrieb er:

„Da sie von den Provinzeinheiten [Anm.: gemeint ist hier das Provinzheer] die verlässlichsten sind, sollen die Legionen an den Wällen lagern, um sie zu schützen und mit ihrer Zahl einen menschlichen Schutzwall um die aus fremden Stämmen ausgehobene Armee zu bilden."[154]

Daraus ergibt sich augenscheinlich, dass die Römer die Hilfstruppen, wie bereits einmal bei Vegetius angeklungen, nicht als zuverlässig sahen. Dem gegenüber steht allerdings, dass sich kaum Beweise für eine fortwährende Besorgnis der Römer ob der Loyalität ihrer Hilfstruppen finden lassen. Im Gegenteil: Hilfstruppen konnten

---

[149] Gilliver, Kate: Auf dem Weg zum Imperium. Die Geschichte der römischen Armee. Hamburg 2007, S. 18.

[150] Gilliver, Kate: Auf dem Weg zum Imperium. Die Geschichte der römischen Armee. Hamburg 2007, S. 128.

[151]In beiden Fällen sind die Hilfstruppen nicht die Träger der Hauptlast des Kampfes, sondern werden durch die ihnen zur Seite gestellten Legionen an der Flucht gehindert. Vgl.: Gilliver, Kate: Auf dem Weg zum Imperium. Die Geschichte der römischen Armee. Hamburg 2007, S. 129.

[152] Gilliver, Kate: Auf dem Weg zum Imperium. Die Geschichte der römischen Armee. Hamburg 2007, S. 128.

[153] Gilliver, Kate: Auf dem Weg zum Imperium. Die Geschichte der römischen Armee. Hamburg 2007, S. 18.

[154] Zitiert in: Gilliver, Kate: Auf dem Weg zum Imperium. Die Geschichte der römischen Armee. Hamburg 2007, S. 33.

sogar die Hauptlast des Kampfes tragen, wenn das Terrain für die schweren römischen Legionen ungünstig war. [155] Daraus folgt, dass den Hilfstruppen einiges an Vertrauen entgegen gebracht wurde. Onasander hat zudem auf die hohe Bedeutung der Hilfstruppen als Ergänzung zur Legion verwiesen. Er hebt hervor, dass auf unebenem Terrain und bei der Vertreibung von Truppen aus erhöhten Stellungen leichte Infanterie (die nicht mehr durch die Legionen gestellt wurde) besonders wertvoll sei. Zudem seien Bogenschützen und Schleuderer eine wertvolle und notwendige Ergänzung der Fernkampfstärke, da sie eine höhere Reichweite hätten [im Vergleich zu den *pila*] und mobiler wären als die Legionäre.[156] Zusätzlich finden sich bei Polybios, Livius und Plutarch Textpassagen, in denen die Autoren beschreiben, dass eine republikanische Legion für reglementierte, offene Feldschlachten ausgelegt war. Zwar hat die Einführung der Kohorte als maßgebliche taktische Einheit die Fähigkeiten zum Kampf in schwerem Gelände verbessert[157], allerdings stellte diese Verbesserung keinen Ausgleich zu den Vorteilen von leichter Infanterie in diesem Gelände dar. Tacitus behauptet, dass Agricola im Verlaufe seiner Feldzüge die auxilia eingesetzt habe, um „römisches Blut" zu sparen. Zwar ist das eine Bestätigung des gängigen Vorurteils, Hilfstruppen seien minderwertige[158], austauschbare Truppen. Allerdings widerlegt das der Einsatz in der acies wie bei Idistavio.[159] Die Hilfstruppen waren also notwendig, um den Römern einen Vorteil in schwerem Gelände zu verschaffen(zumindest aber, um den offensichtlichen Nachteil auszugleichen). Unter diesem Aspekt betrachtet ist ein Einsatz als Träger der *acies* kein Zeichen von Entbehrlichkeit, sondern im Gegenteil ein Zeichen für ein hohes

---

[155] Gilliver, Kate: Auf dem Weg zum Imperium. Die Geschichte der römischen Armee. Hamburg 2007, S. 33 und S. 115.

[156] Gilliver, Kate: Auf dem Weg zum Imperium. Die Geschichte der römischen Armee. Hamburg 2007, S. 128.

[157] Durch die Größe des Verbandes blieb eine Kohorte als kleiner, geschlossener Verband wehrhaft.

[158] Vegetius stellt die auxilia mit den Barbarenstämmen auf eine Stufe und geht in seinem Werk durchgängig davon aus, dass die Legionen allein Hauptverantwortliche für die Expansion des römischen Reiches seien. Er vergleicht die Hilfstruppen der späten Republik und der frühen Kaiserzeit mit den verbündeten Stämmen seiner eigenen Zeit. Vgl.: Gilliver, Kate: Auf dem Weg zum Imperium. Die Geschichte der römischen Armee. Hamburg 2007, S. 128.

[159] Gilliver , Kate: Auf dem Weg zum Imperium. Die Geschichte der römischen Armee. Hamburg 2007, S. 134.

Maß an Flexibilität der Armee und ein Zeichen für den enormen Stellenwert und die Verlässlichkeit der auxilia.[160]

3.2 Taktischer Einsatz

Es kommt vor, dass in der Literatur zum Thema Hilfstruppen eine feste Zuordnung von Auxiliareinheiten zu Legionen erwähnt wird. Als Beleg wird eine Textstelle von Tacitus herangezogen, in der Tacitus acht Kohorten Bataver als zugeordnete Hilfstruppen der XIV Legion erwähnt. Zudem lässt der Aufbau von befestigten Kastellen und Lagern auf eine gemeinsame Nutzung von Legion und *auxilia* schließen. Voraussetzung für eine feste Zuordnung von auxilia und Legion wäre jedoch eine administrative Verknüpfung beider Truppenteile – allerdings lassen sich dafür keine Belege finden, wie auch sonst keine weiteren Hinweise auf eine direkte und dauerhafte Unterstellung von Auxiliareinheiten an Legionen vorhanden sind.[161]

Vegetius beziffert die reguläre Größe einer Armee, in deren Zentrum eine Legion steht, auf 10.000 Mann Infanterie (Legion und Hilfstruppen) und zusätzliche 2.000 Reiter[162]. Als Quelle scheint er hier wahrscheinlich Catos „de re militari" benutzt zu haben. Polybios bestätigt diese Zahlen (er spricht von der doppelten Anzahl von Männern und Reitern bei zwei Legionen).[163] Er führt ferner aus, dass die Truppenkontingente der *auxilia* bzw. der Verbündeten nicht stärker sein sollten, als die Legionen.[164]

In der Tat gab es zwei „Standartmöglichkeiten" für eine Schlachtaufstellung während der Kaiserzeit:

---

[160] Gilliver, Kate: Auf dem Weg zum Imperium. Die Geschichte der römischen Armee. Hamburg 2007, S. 135.

[161] Gilliver, Kate: Auf dem Weg zum Imperium. Die Geschichte der römischen Armee. Hamburg 2007, S. 31.

[162] Die römische Reiterei, vor allem die Germanen, Kelten und Kelt-Iberer waren ihrem Wesen nach schwere Kavallerie und griffen während der Schlacht als geschlossene Formation an. Mangels Steigbügel und Lanze, sowie schwerer Pferde war der Wurfspeer extrem wichtig. Ihr taktisches Vorgehen war ein in tiefen Wellen gestaffeltes Anreiten mit Stoßlanze (keine eingelegte Lanze wie im Mittelalter!) und Wurfspeer. Sollte es zum Handgemenge kommen, saß die Reiterei laut Polybios und Caesar ab und kämpfte zu Fuß weiter. Vgl. Junkelmann, Marcus: Die Legionen des Augustus. Mainz am Rhein 1986, S. 247.

[163] Gilliver, Kate: Auf dem Weg zum Imperium. Die Geschichte der römischen Armee. Hamburg 2007, S. 32.

[164] Gilliver, Kate: Auf dem Weg zum Imperium. Die Geschichte der römischen Armee. Hamburg 2007, S. 33.

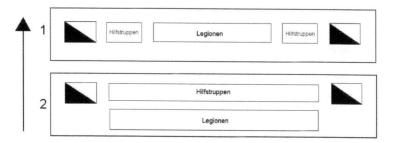

Die erste war die Fortführung des republikanischen Systems (wie unter 2.3 beschrieben), die zweite sah einen Einsatz der Hilfstruppen als Träger der Schlachtformation – also im Zentrum der *acies* – vor den Legionstruppen (die in dieser Form als Reserve fungierten) vor.[166] Diese Möglichkeit resultiert aus der deutlichen Überlegenheit der leichteren Auxiliartruppen in schwierigem und unübersichtlichem Gelände. Der Feldherr konnte also selbstständig entscheiden, wie er seine Truppen am sinnvollsten einsetzte. Die schwere Infanterie der *auxilia* spielte allerdings in der Regel beim Einsatz im Verbund mit Legionen – die ja genau diese Rolle auch ausfüllten – nur eine untergeordnete Rolle. Sie wurde in Feldschlachten meist genutzt, um Schutz für Reiter und leichte Infanterie, wie zum Beispiel den Bogenschützen, während der Vorgeplänkel einer Schlacht zu leisten.

Für die Bogenschützen und Schleuderer nennt Onasander zwei Positionen. Zum einen beschreibt er einen Einsatz vor der *acies,* um so direkt auf den Feind[167] wirken zu können. Ein zweiter möglicher Einsatzort ist laut ihm an den Flanken, um so

---

[165] Vgl.: Gilliver, Kate: Auf dem Weg zum Imperium. Die Geschichte der römischen Armee. Hamburg 2007, S. 126.

[166] Gilliver, Kate: Auf dem Weg zum Imperium. Die Geschichte der römischen Armee. Hamburg 2007, S. 126.

[167] Fernkämpfer, die vor der Front eingesetzt wurden hatten die Aufgabe die gegnerischen Fernkämpfer zu bekämpfen, um so eigene Truppen vor deren Feuer zu schützen. So konnte es durchaus passieren, dass sich die Schützentruppen zweier Armeen gegenseitig neutralisierten. Falls eine Seite die Oberhand gewinnen konnte und die gegnerischen Fernkampftruppen ausweichen mussten, konnte der Beschuss auf die Hauptteile der feindlichen Armee eröffnet werden. In diesem Fall war der psychologische Effekt eines andauernden Beschusses aber wohl weit höher als der tatsächliche Schaden. Ziel war es, die feindliche Formation zu stören oder den Gegner zum Angriff zu provozieren, um so eigenen Teilen einen Einbruch zu ermöglichen. Vgl.: Junkelmann, Marcus: Die Legionen des Augustus. Mainz am Rhein 1986, S. 246.

eigene Flankenangriffe durchführen und gegnerische Flankenangriffe abwehren zu können. Die Historiker der Kaiserzeit liefern keine Einzelheiten über den Einsatz dieser Truppentypen, obwohl es nur schwer vorstellbar ist, dass sie eine untergeordnete oder gar keine Rolle spielten.[168] Betrachtet man die Zahl der aufgestellten Einheiten, so sieht man, dass sie keinen geringen Stellenwert im Gesamtkonzept der Armee hatten.[169] Tacitus erwähnt zwar häufig Operationen, bei denen beide Truppentypen eingebunden sind, geht aber auf ihren taktischen Einsatz nicht ein.[170] Die auf der Trajansäule abgebildeten Bogenschützen schießen aus einer Position hinter anderen Bogenschützen auf den anrückenden Gegner. Onasander kritisierte zwar zum einen diese Art des Einsatzes, relativierte allerdings seine Aussage, da der Geschosshagel dazu führen konnte, dass der Feind seinen Vorstoß aufgab oder aber seine Formation aufgebrochen wurde. Er empfahl sogar, dass die berühmte „Testudo"–Formation genutzt werden sollte, um unter dem „Deckungsfeuer" eigener Truppen auf den Feind vorzurücken.[171]

Zum Teil wurden die leichten Truppen, die natürlich gegen Angriffe auf freiem Feld extrem verwundbar waren, in die Frontlinie eingebettet oder sogar mit Infanterie vermischt, um so die Gefahr einer Isolation der Truppen (und damit ihre Vernichtung) zu minimieren.[172] Das leichte Fußvolk einer Armee focht, falls nicht mit anderen Einheiten durchmischt, in lockeren Schwärmen.[173] In jedem Fall musste so eine Einheit aber durch eigene Truppen geschützt werden.[174] Unter anderem konnte das mit Hilfe der Kavallerie geschehen.

Die Aufgabe der Kavallerie, die meist auf beiden Flanken eingesetzt war, bestand aus dem Schutz der eigenen Flanke durch das Stellen und/ oder das Zerschlagen

---

[168] Gilliver, Kate: Auf dem Weg zum Imperium. Die Geschichte der römischen Armee. Hamburg 2007, S. 129.

[169] Es sind 32 Bogenschützeneinheiten nachweisbar, darunter auch berittene und teilweise berittene Abteilungen. Vgl.: Gilliver, Kate: Auf dem Weg zum Imperium. Die Geschichte der römischen Armee. Hamburg 2007, S. 130.

[170] Gilliver, Kate: Auf dem Weg zum Imperium. Die Geschichte der römischen Armee. Hamburg 2007, S. 129.

[171] Gilliver, Kate: Auf dem Weg zum Imperium. Die Geschichte der römischen Armee. Hamburg 2007, S. 130.

[172] Junkelmann, Marcus: Die Legionen des Augustus. Mainz am Rhein 1986, S. 247.

[173] Junkelmann, Marcus: Die Legionen des Augustus. Mainz am Rhein 1986, S. 246.

[174] Gilliver, Kate: Auf dem Weg zum Imperium. Die Geschichte der römischen Armee. Hamburg 2007, S. 130.

der feindlichen Reiterei, sowie aus der Durchführung von Flankenangriffen auf die Schlachtreihe des Gegners. Dabei vermied man in aller Regel Angriffe auf schwere Infanterie des Gegners, da die Erfolgsaussichten einfach zu gering waren.[175]

Ab der späten Republik wurde die Kavallerie bei ihren Angriffen von leichter Infanterie unterstützt.[176] Damit wurde eine Schwäche in der Flanke eigener Truppen relativiert: Leichte Infanterie konnte – im Gegensatz zu schwerer Infanterie – keine Flankenangriffe durch Kavallerieeinheiten des Gegners verhindern bzw. aufhalten. Sie addierten also, wie Livius es beschrieb, ihre Feuerkraft durch ihre Fernkampfwaffen zur Kampfkraft der Alen. Zusätzlich war es ihre Aufgabe fliehende Feinde zu verfolgen. Sie konnte außerdem zum Schutz der Schützentruppen eingesetzt werden.

Die auffällige Verbindung zwischen leichter Infanterie und Kavallerie mit den *cohortes equitatae* der *auxilia* ist anscheinend nur zufällig: Vergleicht man den Einsatz von Kavallerie und Infanterie zur Zeit der Republik mit dem Einsatz besagter Auxiliareinheiten, so stellt man fest, dass die Grundvoraussetzungen in beiden Fällen unterschiedlich waren. Bei einem gemeinsamen Einsatz zur Zeit der Republik (*socii –* Verbände) war das Kräfteverhältnis ausgeglichen (1:1)[177], während die Auxiliareinheiten der Kaiserzeit auf ein Verhältnis von 4:1 zu Gunsten der Infanterie kamen. Arrians Schlachtaufstellung deutet zudem darauf hin, dass beide Elemente unabhängig voneinander eingesetzt wurden. Die Kavalleriekomponente befand sich mit den Alen zusammen an den Flügeln bzw. Flanken, während die Infanterie sich beim Rest der Kohorten der *auxilia* befand. Getrennte Übungen der Komponenten einer *cohors equitata* aus der Zeit des Kaiser Hadrian erhärten diese Vermutung. Ihr

---

[175] Die Pferde verweigerten meist bei direkten Angriffen auf schwere Infanterie und versuchten sich seitlich am „Hindernis" vorbei zu schieben. Da Steigbügel noch nicht erfunden waren (Stattdessen benutzte man Sattel mit kleinen „Hörnchen", die dem Reiter ein Mindestmaß an Halt gaben), hatte man nicht ausreichend Wucht – ganz zu schweigen von einer Lanze, die zum Angriff eingelegt werden konnte. Falls die schwere Infanterie nicht durch den moralischen Eindruck der Anreitenden die Formation aufbrach, blieb den Kavalleristen nur der Einsatz ihrer Wurfspeere und das Umkreisen der Einheit. Damit erzeugten sie allerdings eine Rundumbedrohung, die die Einheit am weiteren Vorrücken hinderte. Der Feind verlor also seine Stoßkraft und war gezwungen andere Einheiten heran zu führen, um die Kavallerie zu bekämpfen. Fand die Kavallerie eine Möglichkeit zum Einbruch oder war die Formation einmal aufgebrochen, konnte auch schwere Infanterie dem Angriff nicht stand halten. Junkelmann, Marcus: Die Legionen des Augustus. Mainz am Rhein 1986, S. 247.

[176] Gilliver, Kate: Auf dem Weg zum Imperium. Die Geschichte der römischen Armee. Hamburg 2007, S. 131.

[177] Gilliver, Kate: Auf dem Weg zum Imperium. Die Geschichte der römischen Armee. Hamburg 2007, S. 132.

Aufstellungsgrund war vermutlich ihre taktische Flexibilität, die es möglich machte jeder Form von kleinen, lokalen Bedrohungen zu begegnen.[178]

Neben der Schlacht war es die Aufgabe der auxilia die Grenzen zu sichern, wobei den Legionen die Rolle der strategischen Reserve zufiel.[179] So war sie allein für die Bewachung des germanischen Limes[180] zuständig.[181]

4. Einfluss von und auf Hilfstruppen

Wenn zwei Kulturen aufeinander treffen, findet in den meisten Fällen, in denen beide Kulturen weiter existieren, ein Austausch statt. Im römischen Reich wurden ganze Kulturen in ein Reich aufgenommen und sollten romanisiert werden. Dabei war es aber nur schwer möglich, dass es nur die zu Romanisierenden sein sollten, die Teile einer anderen Kultur übernehmen würden. Einfluss wurde genauso von den Unterworfenen ausgeübt.

4.1 Träger der Romanisierung

Rom hatte ein großes Interesse daran, die eroberten Provinzen nicht nur militärisch zu besetzen, sondern sie auch kulturell und wirtschaftlich an Rom anzupassen. Natürlich war den Römern klar, dass ein romanisiertes Land deutlich weniger Militärpräsenz erforderlich machte als ein Land, das fortwährend versuchen würde seine Freiheit wieder zu erlangen. Nach den marianischen Reformen wurden gezielt zuerst römische Bürger, später auch Veteranen, in den Provinzen angesiedelt, um die Romanisierung der eroberten Gebiete voran zu treiben. Dieses Modell der Romanisierung entstand nicht über Nacht. Schon vor Marius wurden römische Bürger mit wenig Vermögen in eroberten Gebieten angesiedelt, um so diesen Bürgern mehr Reichtum zu verschaffen. Aus armen römischen Bürgern wurden

---

[178] Gilliver, Kate: Auf dem Weg zum Imperium. Die Geschichte der römischen Armee. Hamburg 2007, S. 133.

[179] Toledo, Josef Sanchez: Imperium Legionis. Die römische Armee des Kaiserreichs. Berlin 2005, S. 102.

[180] Die in Kastellen (bzw. Grenzbefestigungen) untergebrachten Einheiten waren entweder *cohors equitata* oder eine *ala* mit einer *cohors (peditata)*, da eine *cohors peditata* ein Kastell nicht alleine besetzte. Vgl.: Sommer, C. Sebastian: „Where did they put their horses?" Überlegungen zu Aufbau und Stärke der Auxiliartruppen und deren Unterbringung in Kastellen. In: Provinzialrömische Forschungen: Festschrift für Günther Ulbert zum 65. Geburtstag; S. 149 – 168, S. 165.

[181] Gilbert, Francois: Roms Hilfstruppen und Legionäre. Stuttgart 2007, S. 88.

damit potentielle Legionäre, die ihre Ausrüstung auch selber bezahlen konnten.[182] Selbst nach den Reformen des Marius war der angesparte Sold – den Cäsar sogar verdoppeln ließ – aber kaum ausreichend, um sich nach einer Laufbahn in der Armee eine Existenz aufzubauen. Also wurde am Prinzip der Landzuweisungen zunächst festgehalten.[183] Verluste in den Provinzen – sowohl die der römischen Streitkräfte, wie auch die der Zivilbevölkerung konnten durch Neurekrutierung bzw. Ansiedlung von Veteranen ausgeglichen werden. Die Armee wurde so zu einem Träger der Romanisierung, da sich ansiedelnde Legionäre natürlich Ansprüche mitbrachten, die in der Regel nicht durch die vorhandenen Gegebenheiten gedeckt werden konnten.[184]

Wie erfolgreich die Romanisierung durch römische Maßnahmen war, lässt sich an der Herkunft der römischen Bürger in den Legionen ablesen. Waren von Augustus bis Caligula noch 65% der Legionäre Italiker, so sinkt die Zahl bis Hadrian immer weiter ab – was im Umkehrschluss bedeutet, dass die Masse der römischen Legionäre Provinziale mit römischem Bürgerrecht waren. Von Claudius bis Nero waren nur noch 49% der Legionäre Italiker, von der Zeit der Flavier bis Trajan sank der Wert auf 21%. Zu Zeiten des Kaisers Hadrian lag der Wert nur noch bei einem Prozent! Die Bedeutung der Hilfstruppen für diese Entwicklung ist enorm: Sie waren eine der Möglichkeiten den Bedarf nach „neuen, nicht-italischen Römern" zu decken, die benötigt wurden, um die Legionen mit dem notwendigen Nachschub von Rekruten zu versorgen.[185] Gleichzeitig verschoben sich die Rekrutierungsgebiete von Alen und Kohorten immer weiter in die Nähe der Grenzen des Reiches, so dass Beispielsweise im zweiten Jahrhundert nach Christus Spanier und die im südlichen und mittleren Gallien lebenden Einwohner aus den Verbänden verschwinden. Unter Trajan kommt es dann zur so genannten „lokalen Conscription": Die Auxiliareinheiten, die ohnehin an den Grenzen des Reiches stationiert waren, rekrutierten ihren Ersatz aus der unmittelbaren Umgebung ihres Standortes. An

---

[182]Enteignung war dabei kein ungewöhnliches Vorgehen. Penrose, Jane: Rom und seine Feinde. Kriege – Taktik – Waffen. Stuttgart 2007, S. 26.

[183] Toledo, Josef Sanchez: Imperium Legionis. Die römische Armee des Kaiserreichs. Berlin 2005, S. 33.

[184] Junkelmann, Marcus: Die Legionen des Augustus. Mainz am Rhein, 1986 S. 64.

[185] Toledo, Josef Sanchez: Imperium Legionis. Die römische Armee des Kaiserreichs. Berlin 2005, S. 33

dieser Maßnahme erkennt man, wie weit die Romanisierung in den inneren Bereichen des römischen Reiches voran geschritten war.[186]

Der Dienst in der auxilia veränderte, durch die römische Ausbildung, die „barbarischen" Stämme von Grund auf. Sie identifizierten sich zum Teil sogar mit Rom. Allerdings wurde nicht in jeder Hinsicht immer ein voller Erfolg erzielt: Bei der Belagerung von Xanten durch die Bataver konnte es für den Beobachter erscheinen, als kämpften hier Legionen gegen Legionen. Zum einen zeigt sich in diesem Fall, wie gut die Römer die auxilia ausgebildet und wie sehr sich ihr Einfluss in ihr wiederspielt, allerdings zeugt dieses Beispiel auch von dem gelegentlich auftretenden Scheitern der römischen Strategie: Ihre *disciplina militaria* gliederte sich in eine innere und eine äußer Komponente. Die äußere Komponente (Taktik, Ausrüstung und Ausbildung) war deutlich leichter an den Mann zu bringen als die innere („mentale") Komponente.[187] Dass diese „zweite Komponente" allerdings nicht notwendig versagte, sondern vielmehr die *disciplina militaria* ein Erfolgsrezept war, wird alleine durch die Dauer des römischen Reiches bewiesen: Die Unterworfenen fühlten sich nicht als Rechtlose, sondern konnten (nicht zuletzt durch die *auxilia*) die Entwicklung nachvollziehen – wenn nicht sogar spürbar erleben – an deren Ende eine Integration der ehemals besiegten Völker als vollwertige und gleichberechtigte Bürger stand. Die Menschen fühlten sich als Rom zugehörig. Dadurch erfuhr das Reich einen „Image – Wechsel" vom Erobererstaat zum Commonwealth.[188]

4.2 Kulturaustausch

Die Integration und Romanisierung von Hilfstruppen in der römischen Armee war beileibe keine Einbahnstraße – im Gegenteil. Der römische Staatsmann und Historiograph Flavius Arrianus lobte die Römer wegen ihrer Bereitschaft zur Übernahme von Waffen und Kampftechniken. Es ist daher kaum verwunderlich, dass die römische Ausrüstung und Kriegsführung zu allen Zeiten eine „Fusion von vielen nicht-römischen Traditionen war", wie bereits im Verlaufe der Arbeit mehrfach deutlich wurde. Die Römer verließen sich nicht nur auf eigene Entwicklungen, sondern erkannten zweckmäßige Innovationen anderer Völker an, wie zum Beispiel

---

[186] Kraft, Konrad: Zur Rekrutierung der Alen und Kohorten an Rhein und Donau. Bern 1951, S. 51 und 62.

[187] Stoll, Oliver: Römische Armee und Gesellschaft. Gesammelte Beiträge 1991 – 1999. Stuttgart 2001, S. 284.

[188] Kraft, Konrad: Zur Rekrutierung der Alen und Kohorten an Rhein und Donau. Bern 1951, S. 69.

die schwere Reiterei.[189] Die Übernahme von ganzen Truppengattungen in die römischen Streitkräfte folgte einem vorhersehbaren Muster: zuerst die Anwerbung von Söldnern und Erbeutung von Ausrüstung, danach die Übernahme der Ausrüstung für eigene Truppen, die dann von Überläufern und Kriegsgefangenen ausgebildet wurden. Am Ende stand die Beiordnung von Spezialisten zu regulären Einheiten.[190] Die Übernahme der besten Elemente fremder Kriegskunst war ein Grund für die Stärke des römischen Heeres.[191]

Wie bereits gesagt lief der Kulturaustausch nicht nur in eine Richtung. Die Chatten zum Beispiel waren für ihre „römische" Disziplin und Logistik bekannt[192], während Perser begannen Marschlager nach römischen Vorbild zu bauen[193] und jüdische Truppen 66 n. Chr. erbeutete Belagerungswaffen einsetzen, um die Römer zu bekämpfen. [194] Romanisierung war also für die Römer ein zweischneidiges Schwert: Zum einen erhielten sie zum Teil loyale, fähige und schlagkräftige Truppenverbände, zum anderen bildeten sie einen Teil ihrer Feinde selbst aus.

5. Militärdiplome

Nach dem Dienst in der *auxilia* konnte ein Soldat eine der von Hartung sogenannten „*tabula honesta missionis*", ein Militärdiplom, erhalten.[195] Diese Militärdiplome waren Zeugnisse zur Verleihung des Bürgerrechts an die peregrini aus den Auxiliarformationen und beinhalteten ab der Regierungszeit des Claudius gleichzeitig die Verleihung des *conubiums*[196] (Heiratsrechts). Sie waren allerdings keine

---

[189] Stoll, Oliver: Römische Armee und Gesellschaft. Gesammelte Beiträge 1991 – 1999. Stuttgart 2001, S. 354.

[190] Stoll, Oliver: Römische Armee und Gesellschaft. Gesammelte Beiträge 1991 – 1999. Stuttgart 2001, S. 355.

[191]Bohec, Yann Le: Die römische Armee. Hamburg 2009, S. 139.

[192] Stoll, Oliver: Römische Armee und Gesellschaft. Gesammelte Beiträge 1991 – 1999. Stuttgart 2001, S. 354.

[193] Stoll, Oliver: Römische Armee und Gesellschaft. Gesammelte Beiträge 1991 – 1999. Stuttgart 2001, S. 356.

[194] Stoll, Oliver: Römische Armee und Gesellschaft. Gesammelte Beiträge 1991 – 1999. Stuttgart 2001, S. 357.

[195] Hartung, : Römische Auxiliar – Truppen am Rhein. Würzburg 1870, S. 10.

[196] Zwar hatten viele Soldaten der Auxiliartruppen Familie, sie durften rein rechtlich aber nicht verheiratet sein (Damit musste der Staat nicht für die Witwen aufkommen, sollten die Männer sterben). Auf Grabsteinen der Zeit vor Claudius findet man häufig Erwähnungen von Kameraden, Freigelassenen oder Brüdern, Frauen oder Kinder fehlen jedoch – ein Beleg dafür, dass man sich an das Verbot der Heirat gehalten hat. Gleichzeitig ist hier ein deutlicher Hinweis darauf zu finden, dass mit der *civitas Romana* nicht automatisch das *conubium* gewährt werden musste, da kaum anzunehmen ist, dass allzu viele Soldaten beim Erhalt des *conubiums* Junggesellen

Entlassungsurkunden (also nicht zwangsweise zur Entlassung [honesta missionis] verliehen) – die Entlassung und die Verleihung eines solchen Diploms konnten zwar zusammen fallen – standen aber in keinem verbindlichen Zusammenhang. Die Diplome konnten an noch aktive Soldaten ausgegeben werden und die Privilegien der Soldaten galten ab der Verleihung.[197] Die Vergabe des conubiums bezog sich dabei auf die Erlaubnis eine nicht-römische Frau zu heiraten.[198]

Da aus der Zeit des Kaisers Claudius die ältesten erhaltenen Militärdiplome existieren, schreibt man diesem die Einführung der Diplome zu[199] – was nicht zwangsweise heißen muss, dass es unter den früheren Kaisern keine solchen Schenkungen gab.[200] Die Verleihung des Bürgerrechts an verdiente Hilfstruppensoldaten ist bereits aus einer Verleihung an spanische Kavalleristen aus dem Jahr 89 v. Chr. bekannt. Die Schenkung der *civitas Romana* wurde – das weiß man aus gefundenen Inschriften – in der späten Republik und in der frühen Kaiserzeit weiter geführt.[201]

Betrachtet man nun die Fälle, in denen einem Soldaten in der Zeit von Augustus bis Caligula die römische Staatsbürgerschaft verliehen wurde, so stellt man fest, dass eben diese Soldaten eine extrem lange Dienstzeit hinter sich hatten, bevor ihnen das

---

gebliebenen wären. Vgl.: Speidel, M.A. und Lieb, H. (Hrsg.): Militärdiplome. Die Forschungsbeiträge der Berner Gespräche von 2004. Stuttgart 2007, S. 8f.

[197] Alföldy, Géza: Zur Beurteilung der Militärdiplome der Auxiliarsoldaten. In: Historia 17, Stuttgart 1968, S. 215 – 227, S. 215.

[198] Kraft, Konrad: Gesammelte Aufsätze zur antiken Geschichte und Militärgeschichte. Darmstadt 1973, S. 153. Das Bürgerrecht übertrug sich im ersten Jahrhundert nach Christus auf die Söhne und Töchter einer solchen Ehe und auf alle anderen Nachkommen des Soldaten. Im zweiten Jahrhundert wandelte sich der Text der Militärdiplome in soweit, dass die Übertragung der *civitas Romana* auf den Urkunden vermerkt wurde – wohl um Missbrauch vorzubeugen. Vgl. Kraft, Konrad: Gesammelte Aufsätze zur antiken Geschichte und Militärgeschichte. Darmstadt 1973, S. 211.

[199] Gleichzeitig sprechen eine Menge von Indizien für Claudius als ersten, der diese Diplome vergab. Der Kaiser war sehr großzügig bei der Vergabe von Bürgerrechten. Sein Ziel war es wohl möglichst viele Provinziale zu fördern (durch das Freimachen des Weges zum Ritterstand und sogar Senat bzw. durch Vergabe des Bürgerrechts). Zusätzlich erfolgt unter Claudius eine administrative Neugestaltung des Heeres. Vgl.: Speidel, M.A. und Lieb, H. (Hrsg.): Militärdiplome. Die Forschungsbeiträge der Berner Gespräche von 2004. Stuttgart 2007, S. 11f.

[200] Speidel, M.A. und Lieb, H. (Hrsg.): Militärdiplome. Die Forschungsbeiträge der Berner Gespräche von 2004. Stuttgart 2007, S. 1.

[201] Speidel, M.A. und Lieb, H. (Hrsg.): Militärdiplome. Die Forschungsbeiträge der Berner Gespräche von 2004. Stuttgart 2007, S. 2.

Bürgerrecht verliehen wurde.[202] Von Sueton wird in seinen Kaiserviten überliefert, dass Tiberius sehr „geizig" war und mit der Entlassung von Soldaten aus dem Dienstverhältnis ebenso sparsam umging: Je länger ein Soldat diente, desto wahrscheinlicher wurde sein Tod – und damit die Chance eine mögliche Abfindung einzusparen immer höher. Natürlich hätte ein solches Verfahren (lange Dienstzeit ohne Belohnung) zu Spannungen und Konflikten geführt. Die Lösung bestand darin, den Soldaten noch während ihrer Dienstzeit die civitas Romana zu verleihen. Allerdings scheint die einfache Zahl an Dienstjahren in der römischen Armee nicht alleine ausschlaggebend für den Erhalt gewesen zu sein, da einige Grabmäler toter Auxiliarsoldaten zeigen, dass sie trotz langer Dienstzeit ihren Status als peregrini behielten.[203] Man kann also davon ausgehen, dass das Bürgerrecht wie in der Republik virtutis causa (wegen der Tapferkeit) vergeben wurde. Da es keine erhaltenen und überlieferten Definitionen von Leistungen gibt, kann man nur Spekulationen anstellen, wie zum Beispiel die Erbringung von außergewöhnlichen Leistungen als Voraussetzung für den Erhalt des Bürgerrechts.[204] Die Mindestdienstzeit der Auxiliarsoldaten wird in allen Diplomen auf mindestens 25 Jahre beziffert – nie weniger.[205] Die Zahl von 25 musste also – unabhängig von den Leistungen im Feld – zwangsweise erreicht werden, um das Bürgerrecht zu erhalten. Die Entlassung aus dem Dienstverhältnis war, wie bereits angeklungen ist, Aufgabe des Kaisers, da nur er oder ein von ihm ernannter Stellvertreter die Soldaten von ihrem Eid (sacramentum) befreien konnte.[206] Außerhalb Roms waren die vom Kaiser

---

[202] Speidel, M.A. und Lieb, H. (Hrsg.): Militärdiplome. Die Forschungsbeiträge der Berner Gespräche von 2004. Stuttgart 2007, S.3.

[203] Speidel, M.A. und Lieb, H. (Hrsg.): Militärdiplome. Die Forschungsbeiträge der Berner Gespräche von 2004. Stuttgart 2007, S.4.

[204] Die Auxilia in Germanien hatte außergewöhnliche Leistungen erbracht. Damit stellt sich die Frage, warum sie nicht bereits unter Augustus für diese Taten belohnt wurden. Sueton bietet auch hier einen Lösungsansatz: Laut ihm war Augustus wenig freigiebig mit der Vergabe der civitas Romana, da er eine „Verunreinigung" des römischen Blutes verhindern wollte. Tiberius konnte demnach (er war nach dem Tode des Drusus Feldherr in Germanien) eine Belohnung von Auxiliarsoldaten für erbrachte Dienste nicht durchführen. Allerdings ist es möglich, dass er genau das während seiner Regentschaft als Kaiser nachholte. Das würde zumindest die extrem lange Dienstzeit erklären. Vgl.: Speidel, M.A. und Lieb, H. (Hrsg.): Militärdiplome. Die Forschungsbeiträge der Berner Gespräche von 2004. Stuttgart 2007, S. 5.

[205] Speidel, M.A. und Lieb, H. (Hrsg.): Militärdiplome. Die Forschungsbeiträge der Berner Gespräche von 2004. Stuttgart 2007, S. 387.

[206] Speidel, M.A. und Lieb, H. (Hrsg.): Militärdiplome. Die Forschungsbeiträge der Berner Gespräche von 2004. Stuttgart 2007, S. 308.

ernannten Statthalter, in ihrer Funktion als Befehlshaber des Provinzheeres, oder die eingesetzten Befehlshaber in Abwesenheit des Kaisers zuständig.[207] Allerdings gab es die Möglichkeit, dass bereits Entlassene weiterhin in Notzeiten (Kriegen) dienen mussten (so genannte *miscii*).[208] In solchen Fällen konnte die Entlassung ausgesprochen werden, allerdings erst mit Wirkung zu einem bestimmten Datum eintreten. So konnte man die Soldaten länger im Dienst halten.[209]

Betrachtet man die gefundenen Diplome, so kann man zu folgenden Schlüssen kommen:

1) Unter Augustus gab es eine Regeldienstzeit von 25 Jahren, was einen längeren Verbleib im Militärdienst nicht ausschloss – zumindest in den ersten Jahrzehnten der Kaiserzeit.

2) Während der iulisch – claudischen Zeit lag die durchschnittliche Dienstzeit bei 35 Jahren mit deutlichen Abweichungen nach oben (bis zu 50 Jahre).

3) In der flavisch – trajanischen Zeit wurde die Dienstzeit wieder auf 25 – 30 Jahre reduziert. Ab 117 n. Chr. finden sich nur noch Diplome, die von 25 Jahren Dienst zeugen.[210]

Warum aber tauchen die Militärdiplome überhaupt auf – oder besser: Warum gab es sie nicht von vornherein im Zuge der marianischen Reformen? Unter Claudius kommt es vermutlich zu einer genauen rechtlichen Fixierung der Dienstverhältnisse der auxilia. Vor dieser Fixierung gab es vermutlich nur so wenige Soldaten, die das Bürgerrecht erhielten, dass es sich schlicht nicht lohnte solche Diplome zu erstellen – dazumal die Soldaten ohnehin im Dienst verblieben. Falls diese Soldaten tatsächlich entlassen wurden, statt im Kampf gefallen zu sein, und einen Nachweis brauchten, so konnten sie sich diesen von ihrer Einheit als Abschrift geben lassen. Da aber in

---

[207] Speidel, M.A. und Lieb, H. (Hrsg.): Militärdiplome. Die Forschungsbeiträge der Berner Gespräche von 2004. Stuttgart 2007, S. 307.

[208] Speidel, M.A. und Lieb, H. (Hrsg.): Militärdiplome. Die Forschungsbeiträge der Berner Gespräche von 2004. Stuttgart 2007, S. 303.

[209] Speidel, M.A. und Lieb, H. (Hrsg.): Militärdiplome. Die Forschungsbeiträge der Berner Gespräche von 2004. Stuttgart 2007, S. 305.

[210] Alföldy, Géza: Zur Beurteilung der Militärdiplome der Auxiliarsoldaten. In: Historia 17, Stuttgart 1968, S. 215 – 227, S. 221 und 223.

der Regel die Veteranen in der Nähe ihrer ehemaligen Standorte siedelten, war so etwas bei der geringen Zahl der Fälle nicht notwendig.[211] Als aber die Zahl der „neuen" Römer anwuchs, brauchte man Dokumente, die die *civitas Romana* belegen konnten.[212] Zusammenfassend kann man sagen, dass Bohec mit seiner Aussage völlig Recht hat, wenn er meint, der Militärdienst wirkte wie „...eine Maschine zur Verleihung des Bürgerrechts."[213]

Nach der 212 n. Chr. erfolgten *constitutio antoniniana* tauchten keine weiteren Militärdiplome mehr auf – durch die Verleihung des Bürgerrechts an alle Einwohner des römischen Reiches wurde es unnötig seine Staatsbürgerschaft nachweisen zu können.[214]

6. Zusammenfassung

Im Verlaufe der Arbeit ist in erster Linie eines deutlich geworden: Die Hilfstruppen haben zu jeder Zeit einen wichtigen Beitrag zum Erhalt und zum Ausbau der römischen Macht geleistet. Vor allem durch das Ausfüllen von Positionen in der Schlacht, die nicht durch die Legionen wahrgenommen werden konnten, machten sie sich unverzichtbar.

Dadurch entsteht eine Bedingung, wenn man sich mit den Hilfstruppen als Gesamtheit auseinandersetzen will: Die fortwährende Evolution des römischen Heeres bedingte eine Weiterentwicklung des Hilfstruppensystem. Die Hilfstruppen wurden immer wieder den Erfordernissen des römischen Staates angepasst. Waren sie zunächst noch zeitlich begrenzte Ergänzungen zum Militärapparat vor der Amtszeit des Gaius Marius in der späten Republik, so wurden sie zu spätestens unter Augustus zu einer Institution. Eine Entwicklung, die durchaus vorhersehbar und konsequent war. Die römischen Legionen konnten in der frühen Kaiserzeit nur auf italische Bürger zurückgreifen, um ihre Legionen zu ergänzen. Daneben mussten diese Bürger die Kaufleute, die Prätorianer, die Stadtkohorten und die römische

---

[211] Alföldy, Géza: Zur Beurteilung der Militärdiplome der Auxiliarsoldaten. In: Historia 17, Stuttgart 1968, S. 215 – 227, S. 225.

[212] Alföldy, Géza: Zur Beurteilung der Militärdiplome der Auxiliarsoldaten. In: Historia 17, Stuttgart 1968, S. 215 – 227, S. 226.

[213] Bohec, Yann Le: Die römische Armee, S. 109.

[214] Alföldy, Géza: Zur Beurteilung der Militärdiplome der Auxiliarsoldaten. In: Historia 17, Stuttgart 1968, S. 215 – 227, S. 227.

Feuerwehr stellen – neben den normalen Berufen. Es war also wichtig, dass es Ersatz für die Legionäre gab, um die Einsatzfähigkeit der Legionen zu erhalten ohne dass die italischen Gebiete dabei überstrapaziert wurden. Gleichzeitig war es das langfristige Ziel des römischen Reiches die unterworfenen Völker fortdauernd und eng an Rom zu binden. Das bedeutete die Schaffung einer gesamt – römischen Gesellschaft, die auch die Provinzeinwohner nicht ausschloss. Um eben dieses Ziel zu erreichen und gleichzeitig die notwendigen Verstärkungen im Heer vorzunehmen, war die Aufstellung der auxilia ein hervorragendes Mittel: Zum einen konnte man die Schwächen der römischen Armee ausmerzen, zum anderen konnten so neue Bürger entstehen. Das Kommando der römischen Offiziere und der Umgang mit Legionären auf Feldzügen sorgten – neben der Versorgung und Ausrüstung – für eine Anpassung an die römische Kultur. Die einstigen Barbaren wurden zu „echten" Römern und die auxilia zu einem Träger der Romanisierung. Die Frage danach, warum die unterworfenen Stämme zur *auxilia* wollten bzw. sich rekrutieren ließen, ist einfach beantwortet: Der verhältnismäßig hohe Sold und die Aussicht die Privilegien eines römischen Bürgers nach dem Ausscheiden aus dem Dienst in Anspruch nehmen zu können (dazumal sich diese Privilegien auch auf die Familie erstreckten) waren verlockend genug. Hinzu kam eine „sichere" Arbeitsstelle mit der Aussicht auf zusätzlichen Ruhm und zusätzliche Belohnung.

Die Verwendung der Auxiliartruppen nicht nur als „notwendige Ergänzung" sondern unter anderem auch als elementar wichtige Elemente der Schlacht zeigt, dass der schlechte Ruf der Hilfstruppen nicht Zeugnis ihrer Leistungen war, sondern eine gezielte Abwertung der römischen Geschichtsschreiber, um die Taten der Legionen und damit ihren Ruhm zu mehren – als Voraussetzung für eine Erhöhung des Ansehens Roms und seines Imperiums.

Abschließend lässt sich sagen, dass die *auxilia* eine wichtige Institution der Römer war, die ihren Einfluss nicht nur im Militär, sondern auch im Zivilleben zur Geltung brachte. Der bereits zitierte Ausspruch von Yann Le Bohec, indem er die *auxilia* mit einer Maschine zur Verleihung des Bürgerrechts verglich, sei hier noch einmal erwähnt. Meines Erachtens war die *auxilia* ab der Zeit des Kaisers Claudius eine der wichtigsten Integrationsinstitutuionen des römischen Reiches.

7. Literatur- und Quellenverzeichnis

Literatur:

Alföldy, Géza: Die Hilfstruppen der römischen Provinz Germania Inferior. Düsseldorf 1968.

Alföldy, Géza: Legionslegaten. Die Legionslegaten der römischen Rheinarmee. Köln – Graz 1967.

Alföldy, Géza: Zur Beurteilung der Militärdiplome der Auxiliarsoldaten. In: Historia 17, Stuttgart 1968.

Bohec, Yann Le: Die römische Armee. Hamburg 2009.

Gilbert, Francois: Roms Hilfstruppen und Legionäre. Stuttgart 2007.

Gilliver, Kate: Auf dem Weg zum Imperium. Die Geschichte der römischen Armee. Hamburg 2007.

Hartung, : Römische Auxiliar – Truppen am Rhein. Würzburg 1870.

Junkelmann, Marcus: Die Legionen des Augustus. Mainz am Rhein 1986.

Kraft, Konrad: Zur Rekrutierung der Alen und Kohorten an Rhein und Donau. Bern 1951.

Kraft, Konrad: Gesammelte Aufsätze zur antiken Geschichte und Militärgeschichte. Darmstadt 1973.

Lepage, Jean Dennis G: Medieval Armies and Weapons in Western Europe. An illustrated History. Jefferson 2005.

Penrose, Jane: Rom und seine Feinde. Kriege – Taktik – Waffen. Stuttgart 2007.

Speidel, M.A. und **Lieb**, H. (Hrsg.): Militärdiplome. Die Forschungsbeiträge der Berner Gespräche von 2004. Stuttgart 2007.

Stoll, Oliver: Römische Armee und Gesellschaft. Gesammelte Beiträge 1991 – 1999. Stuttgart 2001.

Sommer, C. Sebastian: „Where did they put their horses? " Überlegungen zu Aufbau und Stärke der Auxiliartruppen und deren Unterbringung in Kastellen. In: Provinzialrömische Forschungen: Festschrift für Günther Ulbert zum 65. Geburtstag 2003; S. 149 – 168.

Sumner, Oraham: Die römische Armee. Bewaffnung und Ausrüstung. Stuttgart 2007.

Toledo, Josef Sanchez: Imperium Legionis. Die römische Armee des Kaiserreichs. Berlin 2005.

Wagner, Walter: Die Dislokation der römischen Auxiliarformationen in den Provinzen Noricum, Pannonien, Moesien, und Dakien von Augustus bis Gallienus. Berlin 1938.

Anhang

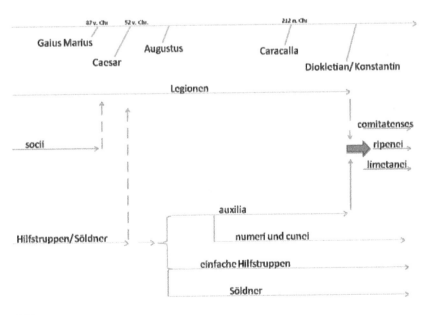

o.M.

Lightning Source UK Ltd.
Milton Keynes UK
UKHW010759200721
387465UK00003B/942

9 783640 365593